L'IMPECCABLE
THÉOPHILE GAUTIER

ET

LES SACRILÈGES ROMANTIQUES

PAR

LOUIS NICOLARDOT

PARIS

TRESSE, ÉDITEUR

GALERIE DU THÉATRE - FRANÇAIS, PALAIS - ROYAL

—

1883

L'IMPECCABLE

THÉOPHILE GAUTIER

ET

LES SACRILÈGES ROMANTIQUES

OUVRAGES DU MÊME AUTEUR

MÉNAGE ET FINANCES DE VOLTAIRE, 1 vol. in-8, de 412 pages.
Épuisé, rare.

HISTOIRE DE LA TABLE, curiosités gastronomiques de tous les temps et de tous les pays, 1 vol. grand in-18.......... 3 50

JOURNAL DE LOUIS XVI, 1 vol. grand in-18 jésus, papier vergé 5 »

LES COURS ET LES SALONS DU DIX-HUITIÈME SIÈCLE, 1 vol. grand in-18... 3 50

LA CONFESSION DE SAINTE-BEUVE, 1 vol. grand in-18........ 3 50

IMPRIMERIE GÉNÉRALE DE CHATILLON-SUR-SEINE. — J. ROBERT.

L'IMPECCABLE

THÉOPHILE GAUTIER

ET

LES SACRILÈGES ROMANTIQUES

PAR

LOUIS NICOLARDOT

PARIS

TRESSE, ÉDITEUR

8, 9, 10, 11, GALERIE DU THÉATRE-FRANÇAIS

PALAIS-ROYAL

—

1883

L'IMPECCABLE

THÉOPHILE GAUTIER

ET

LES SACRILÈGES ROMANTIQUES

I

THÉOPHILE Gautier a obtenu une voix, un jour d'élection à l'Académie. Ce bulletin que la presse attribua à Lamartine était de Sainte-Beuve. C'était tout naturel. Gautier n'a jamais parlé de son père qui est devenu directeur d'un bureau d'octroi, comme l'avait été M. de Sainte-Beuve, le père de Sainte-Beuve; il est incontestablement le fils unique de Joseph Delorme.

Gautier avait commencé les visites d'usage pour chaque candidat d'un fauteuil d'immortel; il dut les cesser. Les dominateurs de l'Académie le reçurent froidement, comme un inconnu et feignirent d'ignorer ses titres. C'est que parmi ses ouvrages figure un roman dont le genre est un prétexte d'exclusion.

L'Académie a ouvert ses bras à Littré et à Renan, mais elle se pique de respecter la morale : c'est là une inconséquence. Qu'est-ce que la morale sans la religion?

Gautier obtint à son tour un disciple. Baudelaire le vénéra comme un *maître impeccable*. Or, un disciple n'est pas au-dessus du maître. Le thermomètre doit baisser de Sainte-Beuve à Baudelaire et descendre à la glace. Chez Baudelaire tout fut étude; ses traits annonçaient plus de contention d'esprit que de chaleur naturelle; il était toujours d'une propreté recherchée, mais il ne décorait rien de tout ce qu'il portait; sa parole était nette, claire, argentine, mais froide; très poli, mais sans familiarité, sans abandon, sans excentricité; s'il faisait rire, c'était souvent à ses dépens, car il était évident qu'il avait préparé ses conversations pour les visites et les dîners; à la moindre contradiction il était tout désorienté. Il m'a toujours semblé un don Juan systématique. Pour mieux poser, il se donnait à ses amis comme le fils d'un prêtre et d'une religieuse, chose très fausse.

Pour qui l'a hanté ou lu, ce volcan de passions est tout simplement du givre; il en a l'éclat et la frigidité. Le givre ne plaît que parce qu'il rompt la monotonie des jours de brouillards et de neige. La neige a son utilité dans l'hiver; mais le givre?

La camaraderie est venue en grossissant toujours après Baudelaire. Gautier a eu son apothéose; grâce à une souscription, un monument est consacré à sa mémoire.

La publication si précoce d'un ouvrage comme *Mademoiselle de Maupin* décèle le tempérament et le style. Un pareil début annonce une prédestination à l'impuissance. Gautier et Sainte-Beuve sont morts à peu près au même âge, peu après la soixantième année. Ils sont entrés de bonne heure dans cette *Légion de la Bedaine* dont j'ai parlé dans la *Confession de Sainte-Beuve*. Né avec une organisation plus frêle, Sainte-Beuve a été forcé plus tôt de discontinuer ses expérimentations de la volupté; la conscience de sa laideur a doublé la faiblesse de sa constitution; mais une curiosité infatigable le por-

tait à toucher à toutes les branches de l'arbre de la
science du bien et du mal; il a dévoré les moralis-
tes les plus rigides du Jansénisme avec la même avi-
dité que les poésies érotiques. Il a suivi tous les
succès, mais en restant sur la réserve, parce qu'il
n'a presque travaillé que pour la presse, obligée
de respecter plus de convenances que le livre.

Gautier avait une belle figure et surtout une chevelure d'un Jupiter Olympien; il faisait honneur à
toutes les modes du temps et se sentait attiré vers
le beau dans tous les genres; mais sa physionomie
manquait d'expression. Sa dernière maladie a
prouvé qu'il devait être impuissant, depuis plusieurs années. Il avait à peine passé la cinquantaine
qu'il se disait franchement arrivé à l'heureux âge de
l'impuissance. Essentiellement lymphatique, il n'a
connu ni les transports ni les tourments des passions. Il a pu être libertin, mais jamais voluptueux.
S'il fut immoral, ce fut plus par système que par
besoin. *Paresseux avec délices*, il a écrit plus par
nécessité que par enthousiasme et conviction; il a
maintes fois cédé à ses amis le souci de faire ses
articles, car son Pégase avait toujours besoin de
quelque coup d'éperon pour finir la copie. Indiffé-
rent au bien et au mal, il n'a mérité ni ennemis

acharnés, ni amis dévoués, comme certains jour-
nalistes. Au fond ce n'était qu'un bon compagnon ;
impossible de lui reprocher de ces basses vengean-
ces, de ces trahisons qui pèsent sur la mémoire de
Sainte-Beuve.

Sainte-Beuve n'a jamais fumé et fut toujours
très sobre ; il n'avait d'appétit de Gargantua que
pour les livres et croyait toujours ne rien savoir ;
il restait sous l'impression de sa dernière lecture.
Gautier mangeait beaucoup et fumait toujours ;
mais de tous les livres, ceux qu'il préférait c'é-
taient les lexiques. Tous ceux qui l'ont le plus hanté
s'accordent à lui reconnaître cette manie dont ses
lecteurs ne se douteront pas, comme on verra.

C'est parce qu'on lui fait l'honneur de l'estimer
comme un linguiste que l'idée m'est venue de l'étudier. Je laisse de côté tout ce qu'il a composé ; je
n'entreprendrai d'examiner que les deux volumes
de ses *Poésies complètes*, publiées par la librairie
Charpentier.

Ayant toujours préféré la poésie parfaite à la
prose parfaite, et ne m'étant jamais donné la peine
de commettre de mauvais vers, je puis me flatter
de n'avoir aucun préjugé pour examiner ces deux
volumes ; j'espère les juger sans fanatisme comme

sans envie, puisque je n'ai point connu Gautier et que j'ai une bonne provision de sympathie à la disposition de quiconque l'admire.

Ce qui m'a suggéré l'idée de consacrer une étude à ces deux volumes, c'est la grande importance qu'ils ont rapportée à l'auteur, avant et après sa mort.

Depuis le sacre ou le mariage des rois et la naissance des dauphins ou des princes du sang, aucun événement n'a été l'occasion d'une éruption de vers, comparable à celle dont le décès de Gautier devint le sujet. Ce fut comme un grand concours d'Élégies. Tous ceux qui se donnent la peine de faire des vers, se mirent en grand deuil; ils en auraient perdu les cheveux, s'il leur en était resté; s'ils ne sont point morts de chagrin, c'est seulement pour ne pas augmenter le désespoir d'une calamité publique. La librairie s'est hâtée de recueillir et de cristalliser toutes ces larmes si précieuses; elle en a construit le *Tombeau de Gautier*. Comme le livre est beau, tous ceux qui ont pleuré des vers se consolent dans la pensée d'avoir laissé de belles lamentations à la tendresse de la postérité.

Cette unanimité de témoignages dont aucun écrivain n'avait jamais joui, prouve : 1° que les poètes ne sont maintenant plus envieux; — 2° que les poètes n'ont aucun doute sur l'immortalité de l'âme à laquelle ils sacrifient publiquement tant de vers; — et 3° que le métier de courtisan n'était pas absolument abject sous la monarchie, puisque les républicains de la veille ou du lendemain, de principes ou d'intérêts, ont mis tant de zèle à le rétablir. Ces trois choses sont dignes de louanges.

Tous ceux qui se donnent la peine de faire des vers, ont cru devoir cette marque publique de reconnaissance à la mémoire de Gautier. Le premier il a dit et redit que tout le monde peut faire des vers, et que c'est le travail et non l'inspiration, qui fait le mérite de la versification. C'était rétablir la corvée des mots au détriment des facultés natives. Autrefois on enseignait que, pour être poète, il fallait être né poète. Gautier a changé cela. Aussi tous ceux qui sont en état d'observer les règles de la prosodie affirment, avec la foi de Trissotin, qu'ils sont des poètes. Tant pis pour l'expérience, si elle rejette ce sophisme, si fanfaron de sa hardiesse et de sa nouveauté!

Il y avait bien quelque chose comme cela dans la prose et les vers de Victor Hugo, mais pas à l'état de symbole. Il jouissait du droit d'aînesse et du

droit du plus fort; on ne songea point à lui dis-
puter le premier rang. Mais on reconnut Gautier
comme le second poète; c'était Dieu et Mahomet,
son prophète. Donc on adora et on pria, en esprit
et en vérité, Victor Hugo comme le Père éternel de
la Poésie; pareillement on adora et on pria, en esprit et en vérité, Théophile Gautier comme le Fils
Unique du Dieu de la Poésie. De tous ceux qui se
condamnent à la corvée des vers, il n'y en a pas un
qui ne croie procéder du Père et du Fils, et ne se
regarde comme l'Esprit de la Trinité Poétique. Ceci
explique pourquoi les poètes qui abusent de tout,
laissent le Saint-Esprit assez tranquille; Béranger
avait affirmé que l'Esprit est de trop dans la
Trinité.

Pour consacrer l'invention de cette érudition des
mots qui doit, dans l'avenir, remplacer l'âme du
poète et le cerveau du penseur, tous ceux qui se
donnent la peine de faire des vers acclamèrent
Gautier *poète impeccable*.

Cet adjectif qualificatif, essentiellement catholique, n'avait jamais été appliqué à un homme, ni à
plus forte raison à un écrivain. L'Eglise Romaine
allait proclamer solennellement, en plein concile, le
dogme de l'Immaculée Conception de la Sainte

Vierge : de là l'idée de retirer le mot impeccable de sa retraite, si rarement troublée, et de le graver sur le front d'un poète. Il est digne de remarque que tous les prosateurs et poètes, qui ont précédé et suivi le mouvement révolutionnaire de 1830, se sont ingéniés à jouer le rôle de Tartuffes par l'affectation exclusive et permanente de tous les substantifs, verbes et adjectifs, créés ou consacrés par la Religion et respectés par l'usage. Au moyen de cette hypocrisie de mots, ils se sont insinués dans les familles chrétiennes et chez tous les honnêtes gens pour y déposer le germe du scepticisme qu'ils ont tenu bien caché, suivant leurs intérêts, mais qu'ils n'ont pas manqué de professer et d'étaler dès que leur fortune le leur permit, sans courir aucun risque. Ils ont recours à l'enterrement civil pour se venger de la longue contrainte de leur passé de saltimbanque. Par cette manifestation ne se rendent-ils pas la justice qu'ils ne méritent que le néant et l'oubli pour avoir autant tartufié que versifié ?

Le titre d'*impeccable* décerné et maintenu à Gautier, mérite attention. Aussi c'est comme linguiste que je me propose de le prendre. Toute l'École romantique viendra lui tenir compagnie dans cette étude de linguistique à propos de vers, bâclés à

coup de dictionnaire, pour justifier la théorie que
la Poésie n'est après tout qu'une fabrique de vers à
laquelle on ne doit demander que le tapage d'une
musique tambourine, le charivari de tous les mots
à vent.

Cette étude de mots nous donnera toute l'histoire
des sacrilèges romantiques.

L'office du Saint-Sacrement défie la Critique.
Depuis Fontenelle, c'est un fait reconnu en littérature que l'*Imitation de Jésus-Christ* est le plus beau
livre qui soit sorti de la main des hommes ; jadis
Corneille l'a traduit en vers ; de nos jours Lamennais l'a traduit en prose ; le chapitre cinquième du
troisième livre est consacré à l'Amour ; c'est encore
ce qu'on peut trouver de plus complet sur ce sujet.
Tout le quatrième livre est relatif à l'Eucharistie ;
c'est le chef-d'œuvre de l'ouvrage.

Après la *Transfiguration*, de Raphaël, et le *Jugement dernier*, de Michel-Ange, les artistes ont toujours placé au premier rang la *Dispute du saint sa-
crement* par Raphaël, la *Cène de Jésus-Christ avec les
Apôtres*, par Léonard de Vinci, la *Communion de S.
Jérome*, par le Dominiquin.

Ce que Bossuet a écrit de plus original, de plus
hardi, de plus étonnant, ce sont ses *Méditations* sur

la Cène; les romantiques qui aiment tant la difficulté vaincue, n'ont rien produit de comparable à la dix-huitième et à la vingt-quatrième, comme tour de force dans notre langue.

Se souvient-on des négations de Spinosa qui n'aimait que les mouches et les araignées, quand on voit les tableaux que *la Messe,* la *Fête-Dieu,* la *Communion* ont inspirés à Chateaubriand? Osera-t-on comparer aux taquineries de Bayle qui n'a jamais aimé que les marionnettes, ce *Traité sur les sacrifices* que Joseph de Maistre composa pour développer et justifier la page consacrée à la *Communion* dans les *Soirées de Saint-Pétersbourg?*

Après l'*Essai sur l'Indifférence en matière de Religion* par l'abbé de Lamennais, l'ouvrage le plus remarquable que notre siècle doive à un prêtre, ce sont les *Considérations sur le dogme générateur* de la piété catholique par l'abbé Gerbet, mort évêque de Perpignan. Au commencement de l'empire, Sainte-Beuve en a rendu compte et ne lui a reproché que le défaut d'être trop court. L'auteur n'aurait rien laissé à désirer, s'il avait mieux connu l'Histoire ecclésiastique.

Dans une station à Dijon, sous la République, le R. P. Lacordaire prêchait sur l'Eucharistie; il devint si éblouissant, si pathétique qu'un général transporté d'admiration, se leva subitement et s'écria : « F..... que c'est beau !. » Personne ne se scandalisa parce que cette exaltation exprimait le sentiment de tout l'auditoire ravi, comme un seul homme, jusqu'aux lèvres du prêtre.

Napoléon a été enivré de toutes les jouissances humaines ; il avoua, un jour, à ses maréchaux éblouis de sa gloire, que c'était le jour de sa première communion qu'il regardait comme le plus beau de sa vie. A Sainte-Hélène, il s'humilia sous les verges du Dieu des Armées, confessa ses fautes, et mourut muni des sacrements de l'Église, en désirant que ses restes fussent un jour portés dans l'Église des Invalides.

Sous la Commune, la première communion se fit à Paris, comme d'habitude, mais avec moins de pompe. On a nommé dans le temps les chefs de la Commune qui ont assisté, vivement émus, à la première communion de leurs enfants. Il y a eu des Églises qui n'ont pas été profanées, comme on s'y attendait, parce qu'elles ont eu pour protecteurs de ces pères dont les enfants venaient d'y faire la première communion.

Le plus auguste des sacrements est devenu pour

les romantiques le plus habituel sujet de profanations. Depuis Michelet jusqu'au romancier, le mot de communion est étendu à tout; c'est la famille, c'est le mariage, c'est le concubinage, c'est le viol, c'est même une cohue.

Sainte-Beuve a consacré une partie de sa vie à étudier l'histoire de Port-Royal, il n'a pas hésité à scruter les mystères de la théologie que les docteurs de l'Eglise n'ont abordés qu'en tremblant. Aussi lui est-il arrivé de laisser pour définitions des images qui font la risée des théologiens et des écrivains aussi bien chez les protestants que chez les catholiques. Il n'a pas même compris le sens des mots latins les plus simples, les plus clairs pour quiconque se donne la peine d'ouvrir un dictionnaire latin-français.

Feu M. Hector de Saint-Maur a publié en 1865, chez Douniol, libraire du *Correspondant*, une traduction en vers du *Psautier*, qui a eu tout le succès qu'elle mérite. Il s'agit de rendre le cinquième verset et du quatrième Psaume qui se chante aux Complies du Dimanche : *Irascimini et nolite peccare*. La pensée de David n'inspire que ce vers :

Blasphémez et criez, oui, — mais, ne péchez plus.

Le Dante que le traducteur a dû lire, n'a pas
laissé les blasphémateurs impunis ; dans son *Enfer*,
ch. XI, il les plonge dans le même cercle de douleurs que les usuriers et les sodomites. Dans son
Histoire des Français de divers états, Monteil a eu
soin de rappeler tous les châtiments auxquels
les blasphémateurs furent condamnés, depuis Phi-
lippe-Auguste jusqu'à la Révolution.

Il faut être romantique pour ne pas qualifier le
blasphème de péché ! Un écolier de huitième tra-
duira ainsi les mots latins précités : *Fâchez-vous et
gardez-vous de pécher*. Il est clair comme le jour qu'il
s'agit ici d'une colère qui est un mérite, et non l'un
des sept péchés capitaux. C'est la colère de Jacob
contre Ruben, l'aîné de ses enfants, qui a souillé
sa couche. C'est la colère de Moïse, brisant les
tables de la loi en voyant l'idolatrie de son peuple.
C'est la colère de saint Pierre, reprochant leur hypocrisie à Ananie et à sa femme Saphire. C'est la
colère de Jésus-Christ, chassant du Temple tous ces
marchands qui font de la maison de la prière une
caverne de voleurs.

Lorsque je fis ces observations à M. de Saint-
Maur, il eut honte de son ignorance et de sa bévue.
Ses lecteurs comme ses critiques, ne s'en étaient
pas aperçus.

Dans la *Chute d'un Ange*, les traits de Lackmi réunissent à la fois femme, enfant, démon, ange. Ainsi nous avons sous les yeux les deux âges, les deux sexes, le bien et le mal, la félicité et le désespoir, la charité et le blasphème, le paradis et l'enfer, et la terre par-dessus le marché! Il faudra reléguer la Philosophie à la Salpêtrière, si elle ne va plus loin que Bacon, Descartes, Malebranche et Leibnitz.

Les romantiques ont accablé d'injures M. Désiré Nisard pour avoir protesté contre la *littérature facile*. Que deviendra notre langue pour les Français et les étrangers, si l'on continue de ne tenir aucun compte du sens des mots?

II

A l'époque où Gautier, né en 1811, débuta, l'épigraphe était à la mode. La religiosité aspirait à remplacer la religion, comme le protestantisme s'était substitué au catholicisme. La Poésie avait usurpé les honneurs du culte; les poètes ne manquèrent pas de se rendre mutuellement le service de s'ordonner prêtres et de se sacrer pontifes, en réservant sinon l'infaillibilité, au moins la suprématie à Victor Hugo. Enivrés de la conscience de leur jeunesse et de leur génie, ils parlaient haut et criaient fort pour rappeler le grand vent, qui avait précédé les langues de feu, le saint jour de la Pentecôte. Pour que l'illusion fût complète, Sainte-Beuve composa *le Cénacle*, qui tiendrait lieu des *Actes des Apôtres*, de saint Luc. Il fallait un texte pour justifier la mission ; l'épigraphe devint de rigueur pour toute tête de livre, de chapitre ou de chant. On emprunta des mots à tous les dictionnaires, afin que le miracle de la diversité des langues ne pût être révoqué en doute par personne.

Gautier eut la modestie de se contenter des principales langues de l'Occident. Il associa à des citations du français de tous les âges en général, et en particulier du breton et du provençal, des pensées latines, espagnoles, italiennes, anglaises, allemandes. Il laissa la Grèce à Sainte-Beuve, qui l'avait adoptée pour *Sainte Mère;* il se dédommagea de ce sacrifice, en demandant un mot au *Dictionnaire arabe.*

A la vérité, il n'y a que deux épigraphes, une latine et une seconde espagnole, dans le poème sur l'Espagne. Le poème d'*Albertus* n'est décoré que d'une épigraphe anglaise au fronton.

Gautier avait fait ses preuves en linguistique dans son premier recueil de poésie. Sur soixante-deux pièces, il n'y en a qu'une qui se passe d'épigraphe, parce que c'est une imitation ; en comptant bien, on y trouve cent douze épigraphes, savoir vingt pièces qui sont réduites à une épigraphe, trente-sept pièces qui marchent sur deux épigraphes, deux pièces qui tiennent le triangle de trois épigraphes, et enfin trois pièces qui s'élèvent à quatre épigraphes, la plus haute puissance de l'épigraphe.

Il n'est pas facile de deviner pourquoi on étale quatre, trois ou deux épigraphes, quand une seule suffirait. Ainsi une pièce qui s'appuie sur des épigraphes de Shakespeare, de Goldsmith, de Tibulle et de Villon ne se compose que de deux strophes, de chacune six vers, sur le *coin du feu*.

Les épigraphes ne citent qu'une fois Antoine de Baïf, Amadis Jamyn, Barthelemy, Béranger, Bürger, Bernardin de Saint-Pierre, Crabbe, Callimaque, traduction de La Porte Duteil, A. Chartier, De Lingendes, Dovalle, Du May, Dubartas, Estienne de Knobelsdorff, Ferideddin Atar, Goërres, Goëthe, François Ier, Grandval, Joachim du Bellay, Jules de Saint-Félix, P. L. Jacob, Le Chastelain de Coucy, Méry et Barthélemy, Mandeville, Malherbe, Peyrols, Ponthus de Thyard, Saint-Amand, Saintine, Shakspeare, Am. Tastu, Tibulle, Théophile, Ulric Guttinguer, Victor Pavie, P. Virgilius Maro, Wordsworth, enfin Eugène De··· Auguste M··· et mademoiselle L. A. qui figure pour tout son sexe. On a usé du passé et du présent; on devance l'avenir de l'*inédit* de M···

Les épigraphes accordent l'honneur du *bis* pour lord Byron, A. Guiraud, Goldsmith, Villon, Philippe Desportes, Petrus Borel, Jean de La Fontaine, Catulle, qui reprend ensuite son vrai nom de V. Catullus pour ceux qui aiment les mots en *us*, Labrunie, qui est le pseudonyme de G. de Nerval, dont le vrai nom revient après en toutes lettres.

Trois poètes seulement sont rappelés trois fois sur la scène des épigraphes : Alfred de Musset, puis Joseph Delorme, J. Delorme qui se relève Sainte-Beuve, et enfin Marot, qui devient Clément Marot et reste Maître Clément Marot.

Le triomphe des quatre citations est réservé à Ronsard tout court, une fois, qui reparaît trois autres fois avec ses nom et prénom de Pierre Ronsard. Victor Hugo est le seul qui monte sur le char après lui.

Outre ces cinquante-deux noms plus ou moins connus ou plus ou moins oubliés maintenant, les épigraphes affectent, pour exercer la perspicacité et l'érudition du lecteur, d'indiquer seulement le titre des ouvrages, ou des compositions : *The lay of last minstrel, Don Juan, Inferno, son Autounous, li roman du Brut, le lay de maistre Ytier Marchand, les loyales et pudiques amours de Scollon de Virbluneau, Epistre à* la première vieille, *Roman de la Rose*, *le livre des quatre Dames*, *le Confiteor de l'infidèle éprouvé*, *la complainte de Valentin Granson*, *le Vagabond*, *Bataille des chasseurs*, *Teresa*, *Hernani*, *Marion Delorme*, *Sara la Baigneuse*, *Harmonies*. Dans ce jeu de colin-maillard des épigraphes, on arrivera à toucher du doigt la plupart des auteurs de ces pièces. Mais il faut se résigner au mystère de l'anonyme pour ce reste d'épigraphes : *Ancien fabliau*, *Ancien proverbe breton*, *épitaphe gothique*. Heureusement tout finit par des chansons, comme dans l'histoire. Ainsi *chanson italienne*, *chanson espagnole*, *chanson des marins*, *ballade des petites filles*.

C'est fâcheux que cette profusion d'épigraphes fasse seulement beaucoup de bruit pour rien. *Ne pleure pas*, dit Dovalle. Béranger répond : *Chauffons-nous, chauffons-nous bien*. Sainte-Beuve offre *des petits horizons*. Vite Alfred de Musset de crier : *Allons, la belle nuit d'été ; En chasse, et chasse heureuse!* Victor Hugo étend ses ailes pour voler, en poussant ce soupir : *Notre Dame, que c'est haut!* Mais ses filles l'arrêtent. De là ces réflexions : *La petite fille est devenue jeune fille! La jeune fille rieuse! Oh! la paresseuse fille!* Pendant ce temps-là Méry et Barthélemy se demandent *où trouver le bonheur?* La *Ballade des petites filles* le donne pour rien : *Hanneton, vole, vole, vole!*

L'épigraphe est le flambeau comme le résumé d'une composition, et doit donner le diapason du morceau. Un auteur se révèle dans le choix des épigraphes, aussi bien que dans le style. Au lieu d'être le Saint-Denis des rois et des princes du sang de l'Intelligence, l'épigraphe de Gautier n'est qu'un cimetière où les personnages les plus fameux sont confondus, dans la fosse commune, avec les gens les plus médiocres, avec les écrivains morts-nés. Le pédantisme d'une érudition de noms propres dégénère en badauderie, et le badaud ne montre que la niaiserie.

III.

Dès la deuxième page, Gautier dit : *Recueilli dans moi.* La plus vile prose rejetterait ce recueillement ; un capucin ne voudrait pas répéter cette expression dans un sermon pour les domestiques.

Gautier ne sait pas même échapper aux fautes que toutes les grammaires conseillent d'éviter. On est averti qu'il faut faire attention aux substantifs qui conservent leur unité et n'admettent point de fraction. Gautier aurait donc dû mettre *ou* au lieu d'*à* ou bien *six*, au lieu de *cinq* dans ce vers :

Aux discrètes lueurs de quatre à cinq bougies.

Il y a des bougies de différentes dimensions, de divers prix ; mais il n'y en a point de quatre à cinq. Pour qu'on ne s'aperçoive pas qu'il ignore ce que

tout le monde sait, il affectera de savoir ce que tout
le monde ignore. Le *Dictionnaire* lui donnera raison, mais auparavant, il sera exposé à être qualifié
d'absurde, comme ces vers :

> J'aime sous les charmilles,
> Dans le parc Saint-Fargeau, voir les petites filles
> Emplir leurs *tabliers de pain de hanneton.*

Afin d'avoir une idée de ce *pain de hanneton*, je
me suis adressé à des pharmaciens ; ils m'ont répondu que le hanneton est inconnu comme remède
dans les ordonnances. J'ai consulté un célèbre médecin, qui a connu Gautier ; soit en qualité de docteur, soit à titre d'amateur de poésie, il a trouvé le
vers de Gautier absurde, à tous les points de vue.
J'ai soumis mes difficultés à d'excellents écrivains,
tous disciples de Gautier ; ils n'ont pas pu gober ce
pain de hanneton. J'ouvre par hasard le *Dictionnaire*
de Littré au mot *Pain*, et je lis : *pain de hanneton :
fruits de l'orme.* Tous ceux qui n'ont pas un Littré à
leur disposition, ne commenceront-ils pas par rire
de la boulangerie de Gautier ?

Ce *pain de hanneton* est d'un pédant, et surtout
d'un précieux ridicule. Si un Molière avait à refaire
les *Précieuses Ridicules*, il est probable qu'il ne

manquerait pas d'attacher à Cathos et à Madelon des *tabliers emplis de pain de hanneton.*

On ne joue guère au colin-maillard du précieux sans toucher au galimatias. Contentons-nous de quelques citations, car on pourrait en prendre à chaque page :

1.

Esquif infortuné que d'un *baiser vermeil*
Dans sa course jamais n'a *doré* le soleil.

2.

Car les Anges du ciel, du reflet de leurs ailes,
Dorent de tes murs noirs les *ombres solennelles.*

3.

Toi, dont le *plomb* à l'hirondelle
Toujours porte une mort *fidèle.*

4.

Et j'ose dans l'*azur, dont l'encens fait la brume*
Chez les Olympiens, m'élever jusqu'à vous.

Je ne suis pas envieux, mais je voudrais bien savoir si M. Leconte de l'Isle trouverait dans les *OEuvres* de Delille, quelque chose d'équivalent au *doré d'un baiser vermeil,* à cet anémique verbe *dorer* qui ne peut que *rougir ;* à *une mort fidèle* au *plomb* ou bien à l'*hirondelle,* ce qui n'est pas distingué ; à la *brume*

faite de. l'*encens fait* par l'*azur;* et à ces *ombres so-°
lennelles* des *murs noirs* de Notre-Dame que *les Anges
du ciel dorent du reflet de leurs ailes.*

Au tour du galimatias pur, ce *profond* qui n'est que
creux et vide, comme disait autrefois Figaro.

1.

Je t'aimerai, ma jeune folle,
Un peu *plus que toujours,* — *longtemps!*

Je voudrais bien savoir ce que M. Coppée, qui est
à l'âge du *serment* des toujours, entend par un *longtemps* qui doit durer *plus que toujours.*

2.

Asile calme et vert comme en peint Hobbéma.
Où les *chuchotements dont est fait le silence*
Troublent seuls du rêveur la douce somnolence.

Je voudrais bien savoir ce que M. Anatole France
entend par le *silence fait* par *les chuchotements :*

3.

Il est un *sentier* creux dans la vallée étroite,
Qui ne *sait* trop *s'il marche à gauche ou bien à droite.*

Je souhaiterai bon voyage à M. Paul Bourget,
qui a déjà parcouru la Grèce, l'Italie, l'Angleterre,
l'Écosse, l'Irlande, une partie de l'Allemagne, s'il

connaît le point de bifurcation de ce *sentier* ivre *qui ne sait trop s'il marche à gauche ou bien à droite.* Il fera bien de lui servir de guide.

4.

Par delà le soleil et par delà l'espace
Où Dieu n'arriverait qu'après l'éternité.

Pour le coup, il faut pour commentateur un vrai vieillard, un vieillard à cheveux blancs, un vieillard à moustaches de grognard, un contemporain de Gautier. Aurait-on osé demander à M. Amédée Pommier ce qu'il faut entendre par *l'espace où Dieu n'arriverait qu'après l'éternité?*

5.

Et l'enfant, *hier encore chérubin chez les anges,*
Par le ver du linceul est piqué sous ses langes.

Qui m'expliquera comment, avant de mourir, l'enfant est un *Chérubin chez les Anges* et par conséquent au-dessus des Anges! A mon secours l'excellent traducteur du *Livre de Job* et du *Psautier!* Mais M. Hector de Saint-Maur unissait au bon sens des classiques l'imagination des romantiques; il est le seul de nos poètes qui sut s'attendrir et pleurer, et, au besoin, rire comme Racine. Il se serait moqué de moi comme de Gautier, si je l'avais pris pour un docteur en Israël, dans une question grammaticale du ressort de sa petite fille Suzanne, qui lui inspira de si beaux vers.

Gautier a des fanatiques qui lui passent tout en faveur de la couleur. Il est certain qu'il sent et décrit bien un tableau ; c'est son unique aptitude. Il est aussi certain qu'il ne voit rien dans la nature ; toutes ses descriptions n'annoncent et ne montrent rien. Son poème sur l'Espagne sera une duperie pour quiconque relira certains passages de *Télémaque*. Fénelon, qui n'a pas visité l'Espagne, a mieux saisi la couleur locale que Gautier, qui a parcouru toute l'Espagne en amateur.

Puisqu'on persiste à prendre Gautier pour un éminent coloriste, le premier après le premier peintre, il est bon d'entrer dans son atelier et de bien regarder sa palette.

IV

Notre peintre mérite de recevoir, de la reconnaissance des Bas Bleus, le titre de *Maître Bleu*.
Le *bleu* est la couleur favorite de sa palette. Aussi
ne lui arrive-t-il que *deux fois* de laisser *le bleu* à
sa nature vierge, à sa nature brute de substantif.
Il le délaie avec la même habileté qu'Eustache Le-
sueur ; il bleuit autant que la manufacture des Gobelins, et plus que la blanchisserie du Grand Hôtel
à sept cents chambres. Il voit tout en bleu, parce
qu'il a tout passé au bleu. Il se fait un *paradis bleu* ;
dès lors toute la création s'ouvre devant lui comme
un *Grand Livre bleu*.

Pour être digne de scruter toutes les merveilles
de ce nouveau *Dictionnaire bleu*, qui manquait à
l'art et au commerce, il faut préalablement se laver

de toute souillure dans l'*eau bleue*. Rien de plus facile que de se jeter dans les *bleus océans*, de se frictionner avec les *flots bleus*, de se reposer sur l'*épaule bleue de l'océan*, de se sécher sur le *tapis bleu de la mer*, et de se regarder, comme Narcisse, dans le *bleu cristal de l'océan*. C'est le moyen d'avoir une *figure bleue*. Dès qu'on aura serré une *ceinture bleue*, on devra donner un *baiser bleu* aux pieds meurtris *et bleus* du Christ, afin de n'avoir pas peur des *roués meurtris et bleus* qu'on rencontrerait ; on aura de plus la vertu de terrasser, après saint Georges, les *dragons bleus*, et l'on ne sera pas accroché par la *chevelure bleue des sirènes*. L'*oiseau bleu du cœur* n'a pas un instant à perdre sous la *voûte en bleu*, à moins qu'il ne se recueille, *derrière le dos bleu des chartreux*, sur la dalle des *couvents dans le bleu*.

C'est *le jour le plus bleu*. Les *bleus nuages*, la *muraille bleue de l'horizon* reculent à mesure qu'on s'avise de passer à travers les *franges bleues de l'horizon*. Guidé par l'*étoile bleue*, attiré par les *sourires bleus du ciel*, on suit le *bleu chemin de l'air* ; on ne quitte pas l'*air bleu*. Continuellement éclairé par la *lumière bleue*, on ne saurait être distrait que par les *oiseaux bleus*.

Le ciel bleu de la fresque a dû faire pressentir la couleur du ciel. Sans doute *le ciel* peut être *noir ou bleu.* Heureusement *le noir devient bleu.* Il faut bien admettre que *le ciel est bleu*, puisqu'il est question au moins *huit fois* du *ciel bleu.* Le *ciel bleu de l'Amérique* est donné en exemple à ceux qui n'auraient pas compris la définition, ou conserveraient quelque doute. Donc *ciel tout bleu, beau ciel toujours bleu, cieux toujours bleus.* Le bleu est infatigable; il marche aussi bien derrière que devant; solitaire comme le singulier, multiple comme le pluriel, il va toujours son train : de là les *champs bleus du ciel* et les *champs du ciel bleu.* Il y a des variations dans ce ciel bleu, pour que sa monotonie ne dégoûte personne. Aussi *en juin les cieux se font plus bleus.* Mais pour qui tant de bleu? C'est le *bleu séjour du soleil.*

A cette hauteur de bleu le *globe bleu d'Uranie* rappelle *deux petits globes bleus*, offerts comme l'emblème de la terre. C'est le moment ou jamais de la voir tout en bleu.

Soit la nature, soit l'effet, de *reflet bleu*, de *reflets bleus*, à première vue ce sont des *abîmes bleus* que les *grandes perspectives bleues.* Heureusement de l'*immensité bleue* se dégagent et l'immensité *bleue du lac*, et le *grand désert bleu*, et le *Sahara bleu*. Celui qui possède le secret de *bleuir les hautes cimes des Alpes* prodigue *rochers bleus*, *côteaux bleus*, *colline bleue* auxquels répondent les *toits bleus* des habitations. Il n'est pas plus difficile de *bleuir les campagnes* ; les *campagnes bleues* une fois ouvertes, on est libre, dans le *bleu de la plaine*, de couper ici des *bleuets*, là encore des *bleuets*, d'attraper au vol la *demoiselle bleue*, de boire dans le *calice bleu de la pervenche*, de se chauffer au *gaz bleu* ou même au *jet de gaz bleu*.

Ce serait la perfection du bleu, si on n'avait pas oublié le petit poisson bleu, qui aurait eu tant de grâce à frétiller à travers les jets de gaz bleu, à expirer dans le gaz bleu.

Un *œil bleu* est à la disposition des borgnes et des amateurs, qui ont l'habitude de ne regarder que d'un œil la nature et l'art. Ceux qui ont le goût moins difficile, ceux qui font usage de deux yeux, trouveront des *yeux bleus* éparpillés partout comme sur les plumages du paon. Il faudrait être aveugle pour ne pas admirer le royaume du bleu.

L'œil bleu du printemps peut vénérer le *bel œil bleu du ciel*, saluer les *yeux bleus de la lune*, courtiser l'*étoile aux yeux bleus*, caresser les *yeux bleus de la montagne*, baiser *l'œil bleu des fleurs*, dévorer la *fleur aux doux yeux bleus* ou l'*œil bleu au cœur des nénuphars*, à moins qu'il ne soit empêché par la *fée au bleu regard*.

Les créatures animées n'ont rien à envier à la matière. *Bel ange a œil bleu.* C'est un *ange aux yeux bleus* que l'ange de l'Inspiration aux ailes roses. Les deux sexes ont été doués des mêmes agréments. L'enfant à *l'œil bleu* peut jouer avec la fillette à *l'œil bleu*. Les yeux bleus sont toujours occupés : témoin la *blonde aux yeux bleus rêveurs.* Qu'on admire les *beaux yeux bleus de la jeune fille*, mais qu'on n'oublie pas qu'il reste pour les mélancoliques de *pâles yeux bleus* et des *yeux cernés et bleus.*

Le bleu fait pied de grue en poésie puisqu'il n'a qu'un pied. Le bleu à deux pieds irait beaucoup plus vite et serait meilleur ouvrier. Où le chercher ?

Maître Bleu s'écrie incontinent : *A nous l'azur !* Accordé de bon cœur. Au moins *douze fois*, il prend le substantif *azur*, dans ses mains, comme une masse ; il le presse, le broie, le pulvérise, et il en fait un adjectif qualificatif qui se répand à l'infini comme l'huile. De là l'*azur du ciel* comme l'*azur des cieux*, l'*azur aux cieux* comme l'*azur des cieux*. Le *manteau d'azur de la nuit* ne doit pas être jaloux des *robes d'azur du ciel et de l'horizon*.

L'*azur est immuable* de nature, mais susceptible de nuances. Donc *faible azur*, mais *double azur*, quand on est *cerclé par le ciel et la mer*. Suivant les goûts ou les besoins, on donne pour rien l'*azur vénitien*, le *splendide azur du ciel italien*, et même le *limpide azur du Japon*, si on a la manie de l'*azur lointain*, et si on est tenté de respirer sur les *montagnes au front d'azur*.

A-t-on foi aux *yeux d'azur de l'ange* ? qu'on s'abandonne, comme un enfant, aux *ailes d'azur de l'ange gardien*, au *plumage d'azur des chérubins joufflus*. Mais attention ! L'*Amour* aussi a des *ailes d'azur*, et les *yeux d'azur de l'ange* deviennent quelquefois les *regards d'azur* de la belle à tout faire. Il vaudrait mieux s'arrêter au *regard d'azur de la violette*, observer la *langue d'azur des dragons*, couper les *bleuets peints d'azur* dans les *plaines d'azur* et poursuivre dans les *parterres d'azur*, tantôt le *scarabée au corselet d'azur*, tantôt la *demoiselle*, ce *tourbillon d'or, de gaz et d'azur*.

A défaut de *veines d'azur*, de *front veiné d'azur*, qu'on se couvre d'une *couronne d'azur* qui fera un

bel effet avec un *albornez d'azur*, une *écharpe d'azur*
et tout accoutrement de *fil d'azur*, à *plis d'azur*. Un
pareil équipage est de rigueur pour s'incliner sur
le *champ d'azur du papier* en face des *rideaux d'azur*
de quelque *berceau*.

Quand les *flots d'azur de la mer du cœur* viendront
à se soulever, ce sera le moment de nager dans le
fluide azur, de se plonger dans le *plus limpide azur*.
Il n'y a pas rien que la *mer d'azur*, les *mers aux
lames d'azur*. La *langue d'azur* de *l'intarissable flot*
apprend que le *lac d'azur*, les *ruisseaux d'azur* sont
les *champs d'azur de l'eau*. En cherchant bien, on
finit par découvrir des *palais d'azur* sous les ondes.

L'azur a rendu tant de services, depuis qu'il est
devenu le bleu à deux pieds, qu'il mérite d'être
élevé à la dignité de verbe et de jouir, en cette qualité, du privilège de trois pieds. Pour le coup *beau
ciel azuré*, *vélin azuré* et même *pâleur azurée de la
mort*. On est sûr de le voir avec ses trois pieds
toutes les fois que le pied de grue du bleu, l'azur
en bleu bipède sont trop faibles ou trop petits pour
marcher en ligne.

Mais il y a bleu et bleu, et par conséquent la
beauté de la variété dans l'unité de la poétique
bleue, de même que dans l'Eglise Gallicane. Ana-

thème au *bleu sombre!* Mais salut aux *deux lacs bleus comme des turquoises*, au *bleu volubilis*, au *bleu myosotis* et surtout à *l'œil bleu d'outremer !* De *l'outremer* sort *l'outremer du ciel*, qui doit captiver tout *front bleuissant d'outremer*. Cet *outremer* a pour perfection un *beau ton plus vif que nul saphir*.

Le *saphir* proteste et se réclame de la splendeur du *saphir des eaux*, de *manche de saphir* et de *baldaquin de saphir*.

Le bleu le plus rare est le lapis ; il n'a servi qu'une fois pour orner un *anneau de lapis*. Il en est de même de l'indigo. Le *ciel* est *indigo* pour les fameuses journées de juillet 1830.

Voilà assurément trop de bleu pour qu'il n'en passe pas un peu. Cette nuance de langueur sera le bleuâtre, autre espèce de bleu à trois pieds, qui remplira tous les devoirs du service à trois pieds avec les rares sujets fournis par l'azuré, l'outremer et l'indigo.

Le *sommeil* se présente comme l'*amant bleuâtre* de la nuit. *Reflet bleuâtre* est tout naturel, dès qu'on admet *clarté bleuâtre*, *jour bleuâtre*. Le foyer seul suffit à donner une idée du bleuâtre ; on y remarque les *bleuâtres vapeurs*, la *langue bleuâtre du gaz*, les *bleuâtres fils du feu*. En suivant la *bleuâtre rampe*, on parviendra au *temple bleuâtre*. Si l'on est dégoûté de l'*haleine bleuâtre des villes*, on respirera un air plus pur sur les *montagnes bleuâtres;* c'est une excellente position pour se rappeler la *veine bleuâtre*, les *veines bleuâtres*, la *bouche bleuâtre* des vivants, et songer au *teint bleuâtre* des trépassés.

Pour que le bleu ne perde pas tout son éclat, sa propriété originelle, il faut se hâter de le relever avec le contraste de différentes couleurs. Donc *face jaune et bleue des fœtus; trame blanche et bleue; lointains bleus et verts; pendu à la peau bleue et verte; Mont Gemmi rouge et bleu; toits rouges et bleus; poussière rouge et bleue; braise* qui *flambe rouge et bleu; fleurs d'azur et de vermeil;* enfin couronne de *bleuets* et *coquelicots*.

Certes voilà bien du bleu; le sujet est si fécond qu'il serait facile de trouver encore, si l'on se donnait la peine de chercher. Il est temps de faire la facture de toutes ces livraisons de bleu. Il se trouve que le bleu a servi de pittoresque deux cents fois. Lamartine paraîtra bien modéré, si l'on se donne la peine de compter les touches de bleu que Timon lui reprochait comme une profusion de couleur.

V

Anne de Boleyn avait un œil bleu et un œil noir. On serait tenté de croire que *Maître Bleu* avait deux yeux bleus. La vérité est qu'il n'avait qu'un œil bleu ; nous allons prouver que son autre œil était jaune. Cette singularité est une couleur locale de moyen âge, comme on se le représentait après l'avénement de Louis-Philippe.

Converti par le succès des *Rayons jaunes*, de *Joseph Delorme*, maintenant si passés, *Maître Bleu* s'est affublé de la livrée du jaune, comme l'Empereur de la Chine, avec autant de ferveur qu'il s'était voué au bleu. Devenu *Maître Jaune*, il passera tout au jaune aussi bien qu'il a tout passé au bleu et laissera un *Dictionnaire jaune*. Dans les vers adressés aux *yeux bleus de la montagne*, il n'a pas

manqué d'enfoncer deux lacs bleus comme des turquoises pour lesquels l'azur du ciel fait de l'harmonie imitative. Il compose une pièce sur les *Taches
jaunes;* il est digne de remarque qu'il n'y ait de
jaune que le titre dans ces vers. Mais il a tellement
usé et même abusé du jaune dans le voisinage,
qu'il faut pardonner cette inadvertance. Il enfoncera
les *Rayons jaunes* de *Joseph Delorme* avec le même
succès qu'il a éclipsé le bleu de Lamartine. Ceci
fera comprendre pourquoi Victor Hugo, qui a fait
un mariage d'amour, qui a été père de filles et
garçons, a été amené à adopter après les Francis-
cains, la couleur accaparée par les classes pauvres
chez les anciens Romains; il a la modestie de se
réduire au *fauve,* qui jure avec sa prédilection
pour les couleurs éclatantes, tous les trésors du
jaune ayant été accaparés par ses thuriféraires,
Théophile Gautier, qui a dédaigné de se marier, et
Sainte-Beuve, si laid qu'il n'a pas pu trouver une
fille d'Eve qui voulût lui promettre amour et fidé-
lité, par-devant M. le curé et M. le maire.

Au moins *quatorze fois* il est question d'*or.* Mais
à qui cet or? C'est *notre or.* On a occasion de donner
or pour or; on paie au *poids de l'or.* On ne confon-
dra avec l'or *faux* ni le *vieil or,* ni même le *filet d'or*

pur. Aussi a-t-on les *prunelles d'or fin de l'étoile polaire* pour diriger le *gouvernail d'or fin,* et distinguer l'*or des aurores d'été* et l'*or fauve de soie* de l'*or du hâle.* On joue avec les *sequins d'or;* on roule sur des *monceaux d'or;* on possède *coffre plein d'or.* En un mot, on dispose de *tout l'or du Pactole.* Si l'on se ruine pour un *bal plein d'or,* on saura exploiter ensuite l'*Inde pleine d'or,* afin d'avoir continuellement ou *coffre d'or* ou *coffret d'or* jusqu'au moment où on reposera dans une *urne d'or,* sous une *épitaphe d'or.*

Un *microcosme d'or* à la main pour remplacer l'insuffisance du *binocle d'or,* la vie va devenir une *vision d'or,* une étude de *livres d'or,* sur *fond d'or;* de sorte qu'on ne sera pas tenté d'apostasier dans les *pagodes toutes d'or,* ni de s'enfermer dans les *tourelles d'or* de palais enchanté.

Qu'on saisisse un *long fil d'or* pour mieux se tenir sur *les ailes d'or des nuages* et traverser heureusement les *rivages d'or de l'univers des rêves.* Le *rayon d'or qui scintille* nous conduira, à travers les *étincelles d'or,* aux *rayons d'or du nimbe sidéral,* aux *beaux rayons d'or,* à l'*astre d'or,* à l'*or du soleil,* au *gros ballon d'or du soleil,* en un mot, au *soleil d'or du printemps.* Il a pour cortège des *étoiles d'or.* De loin elles font l'effet de *petites paillettes d'or*. En réalité *ces étoiles d'or* ont *habits d'or, doigt d'or, yeux d'or*. Il y a *cent mille astres* qui se redressent comme *des fleurs d'or*. Un *Ange d'or* annonce qu'elles sont les créatures du *saint Triangle d'or*. Devant Lui se courbent le *glaive d'or* de saint Michel, le *bouclier d'or* de l'Ange gardien, l'*auréole d'or* de l'Ange de l'Inspiration, l'*auréole d'or* du Bel Ange de la poésie, tout *ange aux ailes d'or*, tout ce qu'il y a d'*envergure d'or*, d'*ailes d'or*, de *gerbe d'or de l'auréole*, d'*auréole d'or*, de *nimbe à pointes d'or*.

Notre-Dame, *damasquinée de l'or des caresses du soir*, invite le prêtre à s'unir au ciel. Il a sous la main *calice d'or* pour dire la messe, l'*or chevelu des gloires* pour bénir, *encensoir d'or* pour parfumer les autels et les fidèles. Sous le *manteau d'or d'amour profond*, l'*or du cœur*, une fois ouvert avec la *clef d'or de l'âme*, priera avec l'esprit du prêtre. Précédé par les *victoires aux longues ailes d'or*, le chevalier s'empresse de s'agenouiller, dès qu'il a quitté son cheval aux *étriers d'or*. On oublie ses *galons d'or*, pour le *bouclier d'or*, la *cuirasse de fer étoilée de clous d'or*, les *armes d'acier bruni étoilé de clous d'or*.

Au tour du poète. A lui les *cithares d'or !* La *note* a des *ailes d'or* pour transporter dans l'infini tout ce qui sort des poètes *aux rimes d'or*, comme Pétrarque. Ses larmes sont *divines;* elles vont se transformer en *larmes d'or.*

Il est temps que le beau sexe dévot quitte le *balcon d'or* pour incliner et *front d'or* et *tempe, couleur d'or.* A la vérité, il est défendu d'étaler ici les *chevelures d'or*, les *flots d'or* du chignon, l'*or des tresses blondes*, le *ruisseau d'or des chevelures blondes*, comme si c'était l'*or des cheveux roux de la Chimère*; à plus forte raison doit-on cacher la *riche gorge d'or.*

Comme *Maître Jaune* n'aime point le *luxe bariolé d'argent et d'or*, il a eu soin de prévenir tous les désirs de la fille qui est une *fleur d'or*, et dont la vertu est une autre *fleur d'or.* Donc à ces *yeux d'or* et *chaîne de Venise en or*, et *rubans d'or*, et *bracelet d'or* et même *souliers d'or.* On lui donne jusqu'à des *grosses boules d'or* pour se faire un chapelet.

Toute fête exige un festin. On a pourvu à tout; soit pour la soif, soit pour la faim. Voilà *coupe d'or;* qu'on la remplisse de l'*océan d'or.* Le pain est facile à tirer des *moissons d'or*, du *blé d'or*, de l'*or des blés*, des *blés à flots d'or*, de l'*or des gerbes* et surtout de l'*océan d'or de la riche moisson de la campagne de Rome.* Des vases à *ventres d'or* contiennent, pour mettre sur le pain sec, le *fruit d'or*, la *tunique d'or des oranges*, l'*orange* aux tons *d'or* et les *pommes d'or de l'arbre de la science*.

Permis après d'aller se promener sur le *sable d'or* des jardins ou sur la *grève au sable d'or;* partout on glissera sur la *poudre d'or*. L'or ne manque pas au *cadre d'or*. Si on chérit les animaux, voici *lion d'or* et *béliers aux pieds d'or*. Tout là-haut, là-haut plane l'*aigle d'or;* plus près bourdonne l'*abeille d'or*, suivie d'un essaim d'*abeilles d'or*. Attention à la *jupe d'or de la salamandre!* Où va la *demoiselle aux prunelles d'or*, la *demoiselle aux minces corsets d'or*, la *demoiselle, tourbillon d'or, de gaze et d'azur?* C'est vers la *fleur d'or*, pour se désaltérer dans les *coupes d'or des fleurs*. Elle vole de l'or *de la tulipe* à la *tulipe d'or*, de l'or *des marguerites* à la *marguerite au cœur étoilé d'or*. Si elle remarque quelque *bouton d'or*, elle préfère le *gai bouton d'or* aux boutons d'or sans épithète.

Qui peut le plus peut le moins. Or, il n'y a rien de plus malléable ni de plus ductile que l'or. Que n'a-t-on point fait avec un long fil d'or? Grâce à un *filet doré*, nous allons descendre dans les *rêves dorés*. L'or pur, l'or simple et massif, l'or solipède doit céder le tour à l'or devenu verbe, au doré

moins précieux que l'or à pied de grue, comme le
bleu substantif, mais plus utile puisqu'il est bipède
et met ses deux pieds au service de l'hiatus, de la
césure et de la rime, avec le même courage que
l'azur.

On a reproché à la vieille école poétique l'abus
des lambris dorés dans ses descriptions. Pour se
ménager des amis parmi les classiques *Maître Jaune*
ne se donne la peine qu'une seule fois de fabri-
quer des *lambris dorés*, afin d'en conserver le souvenir. Si l'on passe la *grille dorée*, qu'on soulève la
portière dorée sans abîmer les *glands dorés*. Derrière les *murs dorés* se dressent, comme dans une
exposition universelle, *Alhambra doré, colosse doré,
minarets dorés, lit doré, tilburys dorés, bûchers dorés*
auxquels répondent et *urne dorée* et *cercueils dorés:*
tout cela est éclairé par des *vitraux dorés*. Il y a
encore la *dorure de la croix*. N'eût-il pas été plus
convenable de donner une croix d'or plus tôt, le
jour où l'on exposait calice d'or, encensoir d'or,
gloires d'or? En rognant un peu les tourelles d'or, on
aurait pu couler une croix d'or assez lourde pour
n'importe quel porte-croix.

L'été dorera le blé vert; le temps venu, *blés dorés;*
mais les blés d'or ne les éclipseront-ils pas sur la

place? Les *papillons dorés* oseront-ils voltiger sur les fleurs d'or avec la même audace que l'abeille d'or et le tourbillon d'or de la demoiselle? *Front doré, tresse dorée, col blond et doré* ne seront-ils pas jaloux de tant de chevelures d'or, de tempes d'or?

Pourquoi l'*astre aux rayons dorés?* Ces rayons dorés sont-ils destinés à faire mieux ressortir ses rayons d'or, comme les pierreries fausses qu'on entremêle aux vraies? Qui distinguera l'*étoile dorée* dans un ciel de cent mille astres d'or? Pourquoi l'*aile blanche et dorée de l'ange* au milieu de tant d'ailes d'or des anges?

Il est évident que le doré n'est étendu le plus souvent que comme synonyme d'or, et qu'on le préfère à l'or, parce qu'il a un pied de plus.

Il y aurait de la mauvaise foi à chicaner sur les procédés de dorure. Qui accepte l'or du hâle doit passer le *doré d'une couche de hâle.* Pour l'amour de l'art il faut tolérer, sinon admirer le rayon *d'en haut qui dore un taudis,* le *marbre grec doré par l'ambre italien,* un *beau reflet ambré* qui *dore le front du jour,* le *rayon de soleil* qui *dore de reflets éclatants des cheveux follets.* Mais qu'on blâme comme mauvais effet ces *Anges* qui, du *reflet de leurs ailes dorent les*

ombres solennelles des murs noirs de Notre-
Dame.

De pareils reflets auraient tenu lieu des *taches
jaunes* qui n'ont point répondu à l'appel de ce titre
de pièce pour lutter avec les seize nuances de *jaune*
des fameux *rayons jaunes*, de Joseph Delorme.

Il est vrai que le jaune est encore employé fré-
quemment pour synonyme de doré, d'or, comme
jaune rayon, *jaune étincelle*, et surtout les *nimbes
jaunes des longs anges blancs*. A titre de bipède, le
jaune est de la même famille que le doré, mais il
a sur le doré l'avantage de pouvoir faire le pied de
grue et de ne compter que pour un pied, toutes
les fois qu'il doit retirer un pied devant la bouche
de l'élision.

Il ne faut pas être difficile sur l'*immensité jaune*.
Qu'en dirait le *Fleuve jaune*? De *vitres jaunes* peut-
il sortir autre chose que *jaune lumière*, *vernis jaune*?
Que l'on mette *chapeaux jaunes*, *sandales de cuir
jaune* pour observer le *teint jaune*, *le crâne jaune*, la
face jaune et bleue des fœtus, le *ventre jaune de la
sorcière*, les *vieillards* au *cuir jaune et rugueux*, tout
corps plus jaune qu'un mort. Sinon qu'on aille se
promener sur la *mousse jaune*, et qu'on réserve le
chaume jaune aux *moissons jaunes*. S'il reste encore

une minute, que ce soit pour les *blancs et jaunes nénuphars*.

On est sobre de jaune, parce qu'il déteint avec le temps comme le bleu, et qu'il ne gagne pas à vieillir. Il n'y a guère de bon que le *vin jauni de vieillesse*. *Plafond jauni* et *carreaux jaunis* n'ont pas plus de valeur que *portraits jaunis*, *marge jaunie des bouquins*. Il y a plus laid que tout ce jauni, ce sont : *lèvres jaunies des courtisanes de bas lieu*, *front jauni de fiel*, *face jaunie*, *tête de mort jaunie*, *os jaunis*, *ossements jaunis*.

Voilà l'effet inévitable du temps impitoyable. L'*automne* ne *jaunit-il* pas *le bois*, si beau, quand il est tout verdoyant comme l'émeraude ? Les *roses de l'aurore* ne *jaunissent*-elles pas en quelques instants pour disparaître sans retour?

On tient tellement au jaune vif et au jaune pâle qu'on dédaigne de recourir en faveur du jaune aux seize nuances que la manufacture des Gobelins donne à chaque couleur. On n'emprunte qu'une variété à la profusion de la Flore ; on en fait un *ciel de safran*. On craint d'arracher plus de deux fruits à l'abondance de l'horticulture. Le *citron* n'est guère offert plus de *deux fois*, soit au singulier, soit au pluriel. On ménage les *orangers frileux* ;

une fois l'*orange* tient lieu de *lest* à la barcarolle; dans *deux cas* il colorie le *teint* et la *peau*. Pourquoi? on a découvert un *sable plus jaune que l'orange*. On finit par unir le citron et l'orange; il en résulte *un ciel vert à tons de citron et d'orange*.

On se fait un point de conscience de ne tirer que de l'*ambre* de toutes les mines de la nature. L'*odeur d'ambre*, le *parfum d'ambre* mène sur la piste des *pastilles d'ambre*, au *jaune reflet d'ambre*, et conduit enfin au *boudoir ambré* : là *cassolette ambrée*, *atmosphère ambrée* qui viendront augmenter les *parfums ambrés du printemps*.

La mélancolie, qui est la Vénusette des romantiques, regrette le jaune du souci. Mais Joseph Delorme avait si bien déraciné le jaune souci, que cette fleur est comme perdue. Il en est autrement du blé de Turquie, du maïs dont les grains, les cheveux et les robes auraient pu remplacer le safran, le citron et l'orange. Cet oubli est inconcevable chez un *Maître Jaune*, qui fut le premier à porter le costume arabe dans les bals masqués et travestis du docteur Belliol où l'on vit tous les artistes et les écrivains de l'époque entrer, l'un après l'autre, avec toute la variété des livrées dépeintes dans les chapitres de *Notre-Dame de Paris*.

Stendhal a intitulé, on ne sait pourquoi, l'un de ses romans : *Rouge et Noir*. On ferait bien d'appeler maintenant les poésies de Gautier l'*Œuvre jaune et bleue*. Il est certain que c'est un écrivain mi-partie jaune et bleue, suivant les *us* et coutumes du moyen âge. Le bleu annonce qu'il a dû aimer. Il est de la nature du jaune de tout éclipser; il est aussi de fâcheux augure en amour. Pour savoir si le *Maître Jaune* sera aimé autant qu'aime *Maître Bleu*, qu'on joue à pile ou face. La face du bleu représente : Deux cents. Que lit-on sur la pile où sont notés tous les exemples de jaune? Hélas! Deux cent vingt-quatre. On demandera à la marguerite si le jaune n'a pas menti.

VI

La stérile abondance de tous ces coups de pinceau bleus et jaunes ne démontrera que l'inanité du fond.

Peintre manqué, Gautier s'est fait poète. Il fait des vers parce qu'il a lu des vers, et il imite les vers qu'il a lus, en se servant du vocabulaire à la mode. Il est aussi incapable d'enthousiasme que de fiel. Toujours monotone, il est aussi médiocre que possible. Au moment où l'on croit que le badaud va s'élever à l'art, on est tout surpris de tomber dans la niaiserie. Il ne bourdonne pas plus fort et ne s'élève pas plus haut que le hanneton ; avec un dictionnaire de poche, le gamin est assez éclairé pour l'écraser sous le ridicule.

Si l'on veut savoir son idéal, il répond naïvement dans son *Ambition* :

Etre Shakspeare, être Dante, être Dieu !

Comme c'est impossible, il faut bien qu'il cherche. Dans un moment d'ennui, il dira :

Ici-bas être heureux, c'est oublier.

Il a le bon goût de ne pas se désespérer. Aussi parvient-il à trouver le bonheur :

Car le bonheur est fait de trois choses sur terre,
Qui sont : — Un beau soleil, une femme, un cheval.

Il ne veut pas de gêne dans le plaisir. Dans la *Débauche*, il exècre les gens qui gardent les convenances sociales dans l'immoralité de la vie privée :

J'aime trente fois mieux une débauche franche.

Dans le *Triomphe de Pétrarque*, il explique pourquoi il s'est dispensé de tout :

Rêveur harmonieux, tu fais bien de chanter :
Car c'est le *seul devoir* que Dieu donne aux poètes,
Et le monde à *genoux* les devrait écouter.

Pourquoi pas? Il montre à Jean Duseigneur

La tête homérique et napoléonienne
De notre roi Victor.

Tout est grêle et mesquin dans cette époque étroite
Où Victor Hugo, seul, porte sa tête droite
Et *crève les plafonds* de son crâne géant.

Victor Hugo revient sur la scène, mais cette fois c'est Hugo et compagnie :

De nos auteurs chéris, Victor et Sainte-Beuve,
Aigles audacieux, qui d'une route neuve
Et d'obstacles semée, ont tenté les hasards.

Voilà la République des lettres proclamée ; elle a Victor Hugo pour président, et Sainte-Beuve pour vice-président. Hugo ne devra pas être jaloux, car Sainte-Beuve s'incline devant l'*essor souverain*, le *vol sublime* de ce *noble ami* et dit humblement :

L'Aigle saint n'est pour moi qu'un vautour qui me ronge
Sans m'emporter au ciel.

Gautier se hâte d'exposer le tableau de la situation :

Le siècle où nous sommes
Est mauvais pour nous tous, oseurs et jeunes hommes.

Il se vante d'être hardi. Aussi emploiera-t-il un verbe et un substantif qu'on avait dédaignés depuis certaine ode qui fut si fatale à Piron. Un siècle plus tôt, il aurait été voltairien ; le temps de l'incrédulité commence à passer. Pour être remar-

qué, il faut donc donner une chiquenaude à la dé-
crépitude des derniers disciples de Voltaire, de
Rousseau, de Diderot.

L'on ne croit plus à rien.

Quel est le résultat de l'impiété?

La passion est morte avec la foi.

Donc il est de l'intérêt du talent de revenir à la
première des vérités :

L'esprit est immortel, on ne peut le nier.

Ceci admis, *l'âme, hôte des cieux,* jouit des plus
consolantes pensées :

La jeune fille ! — elle est un souvenir des cieux.

L'espoir aussi trouve son compte :

O mon amour la plus tendre !
De ce ciel où je te crois.

Il est fâcheux que le charme de cette vision soit
détruit par le tableau d'un *plaisir* à *briser les forces,*
et finisse comme le temple de la prostitution :

Mon petit lit rouge à colonnes torses
Ce soir-là se change en bleu paradis.

Pour se représenter le séjour des Élus comme l'ignoble paradis de Mahomet, qui n'est qu'un sérail; il ne faut pas avoir une conviction bien profonde ni une foi bien éclairée.

> J'ai les talons usés de battre cette route
> Qui ramène toujours de la science au doute.

Cette science se réduit probablement à la lecture de *Faust*. On fera à Goëlhe ce sacrifice :

> A présent jeune encore, mais certain que notre âme.
> Inexplicable essence, insaisissable flamme,
> Une fois exhalée, en nous tout est néant.

Plus tard on reviendra à l'espoir du néant :

> Le néant vous appelle et l'oubli vous réclame.
> Quand il vous faut mourir, pourquoi vouloir vivre,
> Vous qui ne croyez pas et n'avez pas d'espoir?

> Dans l'immobilité savourer lentement,
> Comme un philtre endormeur, l'anéantissement :
> Voilà quel est mon vœu.

On n'est pas aussi *certain* qu'on s'en vante, devant ce néant. Aussi on aspire à un néant qui n'est qu'une fontaine de Jouvence :

> Je veux dans le néant renouveler mon être.

Ce néant est peut-être une découpure de para-

dis. Il a pour pendant un néant, qui est une minia-
ture d'enfer :

> Mais vous, vous tomberez, sans que l'onde s'émeuve
> Dans ce gouffre sans fond où *le remords nous suit.*

Ces deux contrastes de néant sont occasionnés
par le jugement dernier qu'il convient de conserver
comme excellent sujet de tableau pour la poésie
aussi bien que pour la peinture, puisque le pinceau
de Michel-Ange attend un rival de plume, une Épo-
pée de l'Apocalypse.

En dépit du doute de la science et de la certi-
tude du néant, on ne se permet que les exclama-
tion de cette âme naturellement chrétienne dont
parle Tertullien. On dit une fois : *O Dieu!* On répète
cinq fois : *Mon Dieu!* Deux fois on s'écrie : *O mon
Dieu!* Il est vrai qu'on prie *mon Dieu*, une fois pour
lui faire admirer un tableau d'amour.

> A la *tombée du jour*, on adorera Dieu :
> Je n'y compris qu'un seul mot : c'était Dieu,

Dans *Albertus*, on récitera son symbole :

> Dieu seul est le grand maître.

Comme preuve de l'existence de Dieu, on dira *à
un jeune tribun :*

Qui douterait de Dieu devant de belles femmes?

L'argument est sans réplique pour les voluptueux. Mais les impuissants et les refusés ont une
excuse d'incrédulité, dans le sixième sonnet :

Et comment croire en Dieu, quand on n'est pas aimé?

Les femmes sont si peu difficiles, si peu cruelles,
qu'on conçoit avec peine comment on s'y prend
pour ne point se faire aimer d'elles. Elles se lasse-
ront vite de vers ennuyeux; mais on arrivera in-
failliblement à leur plaire, si on les laisse dire tout
ce qu'elles veulent. Quand un homme de talent a
un grand fond d'amour à dépenser, et qu'il ne
trouve pas de femme qui veuille bien puiser dans
ce trésor, il n'a qu'à suivre l'exemple de saint Au-
gustin, qui devint si grand, depuis qu'il se résigna
à l'abandon de la maîtresse dont il avait eu un enfant. Homme du monde, M. de Ravignan voulait
se marier; ses vœux furent rejetés; sa carrière religieuse le consola vite de cet échec. Henri Lacordaire ne fut amoureux qu'une fois; c'était pour le
bon motif; timide et gauche comme les gens qui
n'ont pas connu les femmes, ce qu'il n'osait pas dire,
il l'écrivait, mais il attachait ses lettres avec une

épingle tantôt au schall, tantôt à la robe de la bien-
aimée : elle se fâcha et dit nettement à sa mère
qu'elle se jetterait dans un couvent, si l'on ne la dé-
barrassait pas d'un prétendant si bête. Le dédaigné en conserva toujours de la rancune contre les
femmes ; il affectait de se moquer de leurs larmes
et de leurs chagrins. Il fut tout étonné de se sur-
prendre à pleurer la mort d'une matrone pour qui
il eut autant d'amitié que de vénération ; ce fut
pour lui comme une nymphe Égérie ; d'un mot, *pre-
nez garde*, elle le ramenait à l'ordre dans les questions politiques. Le père Lacordaire a trouvé dans
la chaire évangélique des jouissances intellectuel-
les qui valent bien le plaisir éphémère d'un mariage qui aurait été malheureux. M. de Lamartine
avait une passion sérieuse pour une jeune, jolie et
riche voisine ; sa réputation d'homme prodigue lui
attira un refus ; recherché à son tour par une jeune
fille qui ne se lassait point de le suivre dans la compagnie de sa mère, il restait froid, mais il n'hésita
point à accepter le joug du mariage, quand on lui
offrit en perspective une dot de 1,800,000 francs.
Aucun poète n'a jamais exercé autant d'influence
sur le cœur des femmes ; à la Chambre des Dépu-
tés, toutes demandaient à le voir ; dès qu'elles l'a-

percevaient, elles poussaient un soupir; après, elles se faisaient montrer Berrier; cette figure ne leur disant rien du tout, elles reportaient incontinent leurs regards sur Lamartine et ne cessaient point de le contempler. Il est impossible de calculer combien il y a eu de femmes du monde qui sont allées chez lui pour se mettre à sa disposition. Les Messalines couraient chez Alexandre Dumas : on cite un jour où il en vint jusqu'à quatre, l'une après l autre, de sorte que la servante eut des inquiétudes sur la santé de son maître. L'ambition tourna la tête à bien des femmes vers Gambetta ; quand il était à Tours, il reçut en moyenne quatre demandes en mariage par jour; chaque lettre garantissait la vertu, la beauté et la fortune des soupirantes.

Après cette digression qu'on dédie à tous les refusés, hâtons-nous de revenir à Gautier.

En vérité, exiger qu'une femme se donne au premier venu pour croire en Dieu, c'est faire de la foi une affaire de prostitution.

On est sur le chemin de la niaiserie; on continue de le suivre. Que dit l'*Ambition?*

Être Shakspeare, être Dante, être Dieu!

Du moment qu'on s'est mis cette idée dans la tête, il n'est pas surprenant que l'œuvre de l'homme puisse devenir Dieu, comme la statue de Pygmalion s'anima et se changea en femme. De là cette conséquence :

Peinture, la rivale et l'égale de Dieu.

Il y a peinture et peinture. On ne distingue rien, parce qu'on veut plaire aux artistes passés, présents et futurs, à Courbet aussi bien qu'à Raphaël qu'on révère comme un homme au-dessus de l'homme. On s'est fait de Dieu un bon compagnon d'atelier. Un jour qu'on aura beaucoup de modèles, les rapins s'amuseront à contrarier le rival et l'égal de leur pinceau, car il lui faudra entendre cette *déclaration :*

> C'est un amour sans mélange,
> Pur à rendre Dieu jaloux.

Si la jalousie n'a pas fait fuir le Dieu, voici ce qu'*Albertus* va lui apprendre :

> Poignante volupté, — plaisir qui fait peut-être
> L'homme l'égal de Dieu.

Sur ce terrain, Sénèque fait honte à l'homme, en comparant sa faiblesse à la vigueur du bouc

que Buffon montre capable de satisfaire l'ardeur
de cent cinquante chèvres. Si l'homme est seulement peut-être le rival de Dieu, le bouc sera cer-
tainement l'égal de Dieu. Or, comme le poisson
est plus fécond que le bouc, il faudra lui concéder
d'être supérieur à Dieu. On a calculé qu'une paire
de harengs dont les œufs ne se perdraient pas, suffirait pour peupler tout ce qu'il y a d'eau dans le
globe, en moins de dix ans. Ainsi, de conséquence
en conséquence dans cette question de génération,
la logique amènera invinciblement tout lecteur im-
partial à tirer cette conclusion :

Le Dieu de ce Gautier ne vaut pas un hareng.

Gautier ne recule pas dans sa mosaïque de mots.
Considérant, son *âme, ange elle-même*, il convoite *une
âme*

> Capable d'aimer comme aimerait un ange.

Il développe sa pensée sur le plaisir :

> Poignante volupté, — plaisir qui fait peut-être
> L'homme l'égal de Dieu! qui ne veut vous connaître
> S'il ne vous a connus, moments délicieux,
> Et si longs et si courts qui valent une vie,
> Et que voudrait payer l'ange qui les envie
> De son éternité de bonheur dans les cieux?

Il laisse les démons, les mauvais anges assez
tranquilles. Toutefois il pense à l'*ange déchu*, à
l'*ange, exilé des cieux*. Il aime l'*ange gardien* comme

compagnon fidèle, maintes fois il se réclame de *son ange gardien*. La classe des anges une fois reconnue, il s'élève jusqu'aux séraphins, distingue les *chérubins en légions merveilles*, ne prend point l'archange saint Michel pour l'ange Ituriel, et sépare les chérubins d'avec les anges. Il connaît si bien les anges du ciel qu'il peut en faire un dénombrement aussi authentique que celui des douze tribus d'Israël, laissé par Moïse. Il cultive l'ange de la mort, l'ange de minuit, l'ange de la douleur, l'ange des douleurs, l'ange des jugements, l'ange du souvenir, l'ange de la poésie et surtout l'ange de l'inspiration. Suivant leur rang, il prodigue les ailes d'or, les ailes jaunes, les ailes d'azur, les ailes roses, les ailes blanches. S'imaginant l'*ange amoureux*, il regarde la *fille comme un ange d'amour*; appelle la *jeune fille* un *jeune ange* et dit *cher ange* pour chère fille. Le mot lui sert de paravent à l'adultère ou à la fornication pour cette *Fatuité* :

> J'aime, et parfois un ange avec un corps de femme
> Le soir descend du ciel pour dormir sur mon cœur.

Même quand le plaisir n'a pas été complet et que l'amour ne peut inspirer qu'une *Élégie*, c'est un ange qui figure. A plus forte raison ce sera un ange qui, dans un *sonnet*, fera des colonnes torses du petit lit rouge d'un taudis un *paradis bleu* :

> Un ange chez moi parfois vient le soir
> Dans un domino d'Hilcampt ou Palmire,
> Robe en moire antique avec cachemire,
> Voilette et chapeau faisant masque noir.
>
> Ses ailes ainsi, nul ne peut les voir,
> Ni ses yeux d'azur où le ciel se mire ;
> Son joli menton que l'artiste admire,
> Un bouquet le cache ou bien le mouchoir.
>
> Nous fumons tous deux en prenant le thé.

Tout le chœur de sanges finit par passer à l'Opéra. Ce sera leur nuit du fameux 4 août de la première Assemblée constituante. Autant de filles, autant d'anges à marchander et à acheter au poids de l'or. Elles restent des anges après comme avant ce trafic ; les hommes seuls sont des démons de corruption.

Sur ce sujet, Gautier reste le premier. Ainsi dès 1823, Alfred de Vigny avait pris le mot hébreu *Eloa* qui signifie *Dieu*, pour faire dans un *mystère*, *Eloa ou la sœur des anges*, un Dieu des deux sexes, un Dieu hermaphrodite pour quiconque s'en tient au genre du dictionnaire. Reniant sa gloire de poète catholique, Lamartine se rapprocha de la nouvelle école sacrilège et lui offrit en 1838, la *Chute d'un ange;* plus tard il proclama Charlotte Corday l'*ange de l'assassinat.* On raconte que M. de Lamartine réunit un jour tous les membres de sa famille pour leur offrir un banquet; il resta triste et taciturne pendant toute la durée du repas; on crut que le dessert lui donnerait de la gaiété. On lui demanda donc la raison d'un silence si prolongé. Alors il déplia une serviette et en retira un livre; puis il dit en pleurant : « Mon fils Alphonse était l'orgueil de la famille; il vient de la déshonorer. » Il jeta le livre au feu; ce livre c'était la *Chute d'un ange.* Le poète resta si confondu qu'il ne fit plus de poème du même genre.

Les saints ne sont pas plus épargnés que les anges, comme l'annonce *Albertus.*

> Un ange, un saint du ciel, pour être à cette place
> Eussent vendu leur stalle au paradis de Dieu.

Albertus se ravise, et dans la crainte que les saints ne soient considérés comme d'une nature plus parfaite que les anges, il ajoute bientôt :

> La dame était si belle
> Qu'un saint du paradis se fût damné pour elle.

Voici donc la Toussaint. Le *saint amour des cho-*

ses éternelles engendre la *sainte poésie* de laquelle découlent l'*hymne saint des poètes, extase sainte, saint transport, saintes larmes, saintes funérailles* de Napoléon, et surtout *nudité sainte* des vers cyniques.

La sage liberté survient, comme *Fille du saint Devoir* auquel s'associe le *saint Travail* des *Jeunes Détenus*.

La *sainteté de l'Art*, dirigée par la *sainte beauté* fera avec une *sainte langueur*, des *plus saintes ruines* une *peinture sainte comme les autels*. On pourra y montrer *à un jeune Tribun*.

> Les *Antiques Vénus*, aux gracieuses poses,
> Que l'on voit étalant leur *sainte nudité.*

Toute cette sanctification est probablement l'effet des *flots saints du baptême*. On finit par mettre sur les autels

> Les saints désespérés et reniant leur Dieu.

Grâce au *profil divin du verre*, coulé par la *divine nourrice* de solitude pour recéler l'*onction divine*, composée avec le *divin baume* d'un *divin parterre* d'*odeur divine*, de *divines senteurs des fleurs*; un *cœur plein d'extase divine* de concert avec une *âme* débordant des *plus divins parfums* peut, comme un *oiseau divin*, s'élever jusqu'aux *choses divines* dans ses *transports divins*, dans les *beaux élans divins de la passion* et, par l'effet d'un *vertige divin* contempler face à face les *exemples divins*, donner un *baiser divin* avec un *sentiment divin* à la *forme divine de l'Art*. Un *rayon divin* ou un *divin rayon* guide vers le *pinceau divin* qui a créé les *divins appas*, les *attraits divins* de la *gorge divine*, des *divins genoux*, de la *jambe divine*, de l'oreille *divine*, du *divin contour*. Les *palmes divines de la poésie* attendent les *poètes divins* dont la *plume divine* fera *œuvre divine, chant divin* du *langage divin;* on leur passera de *divines larmes*.

Il n'y a point d'acception de personnes. Il faut que tout passe au divin, les gentils comme les juifs, la *divine courtisane* de Madeleine aussi bien que ces *hôtes divins* d'Eschÿle, d'Euripide, et de Sophocle.

Soit imitation de Gautier, soit instinct d'hugolâtre, M. Théodore de Banville a fait de *la divine courtisane* une poseuse de son *douzain de Parisiennes*, de *Parisiennes de Paris* dans ses *Esquisses parisiennes* avec aussi peu de scrupule qu'il consacre une *Ballade à la sainte Vierge* pour finir un volume de *Trente-six Ballades joyeuses*.

Un homme qui a eu l'ambition d'*Être Dieu*, et

qui a passé sa vie d'artiste à faire de tout, des saints, des anges et des dieux, ne devait pas être méchant. Il eut sans doute un cœur, digne d'un légataire universel des épouses et concubines de Salomon. Il est opportun d'ausculter ce cœur et de compter ses palpitations.

VIII

Or, ce sera Dieu même qu'il prendra pour témoin
de son amour, à la fin de l'unique *Elégie* des
Poésies diverses de 1833-1838.

Aimer! ce mot-là seul contient toute la vie.
Près de l'amour que sont les choses qu'on envie?
Trésors, sceptres, lauriers, qu'est tout cela, *mon Dieu!*
Comme la gloire est creuse et vous contente peu!
L'amour seul peut combler les profondeurs de l'âme,
Et toute ambition meurt aux bras d'une femme.

On croirait cet amour éternel; mais il est trop vio-
lent pour durer longtemps. Aussi ne veut-on passer
avec lui qu'un bail de trois ou six ou neuf années,
ainsi qu'il est stipulé dans cette *Elégie quatrième*;

Puis un amour âgé de trois ans importune;

C'est presque un mariage ; un jour avec l'ennui
Vient la réflexion ; l'amour s'en va...

L'expérience apprend que l'amour est frileux et
émigre avec les oiseaux de passage. *La Dernière
Feuille* le constate, en 1337 :

L'oiseau s'en va, la feuille tombe,
L'amour s'éteint, car c'est l'hiver.

Hé bien ! bon voyage à ce petit Monsieur Du-
mollet, car ce sera autant de gagné sur le chauf-
fage, l'éclairage et autres menus frais d'entretien.
Il faut se hâter de résilier le bail de trois ou six ou
neuf années, déménager le grand appartement et
se contenter d'un petit logement pour un terme ou
deux, de chacun trois mois. Une location de six mois
suffit pour la saison d'été. L'amour ne veut rien de
plus. *Albertus* l'avoue :

Les hommes
Sont ainsi ; — leur toujours ne passe pas six mois. —

Pour peu qu'on continue la soustraction, on devra
vendre ses meubles, et vagabonder dans les hôtels
ou auberges où on loge à la nuit. Excellente précaution de prudence, car *la tête de mort* chuchote :

L'amour, passion creuse et vaine.

Aussi *Albertus* parle ainsi, dès 1831 :

> Et je n'aime à présent que ma mère.
> Tout autre amour en moi s'est tu.

L'unique *Elégie* des *Poésies*, de 1833-1838, répètera :

Chimère
D'aimer une autre femme que sa mère.

Avant de magnifier ainsi la mère, Gautier avait un père, mais il ne parle point de ce père. Un jour il quitta la société de quelques amis pour aller donner un coup de pied à un homme qui était près d'eux ; quand il revint, l'un des causeurs lui dit : « Vous ne vous gênez guère avec ce Monsieur » — Il répondit : « Mais c'est mon père. » Pour un poète qui se croyait un déclassé de l'Orient, cette reconnaissance de la paternité choqua tout le monde. Il avait aussi des sœurs ; il les oublie. Il y a encore un garçon et deux filles qui portent son nom et méritent plus qu'un amour de six mois. Pourquoi n'a-t-il pas sacrifié à la mère de son fils et à la mère de ses deux filles trois vers qui sont un outrage à la famille ? Comment la succession ne renonce-t-elle pas à cet héritage de quelques mots ?

Reste à savoir si la misanthropie de ce testament

d'amour s'accorde avec le contexte des *Poésies complètes*. Gautier nous a mis à la main tant de marguerites qu'il sera facile de recommencer l'épreuve
maintes fois pour bien s'assurer qu'il était décidément voué au jaune, comme Panurge.

Dès l'*Elégie deuxième*, mauvais pronostic :

> Elle était tout pour moi qui ne suis rien pour elle.

Dans *Albertus*, on s'arrête en route pour se
plaindre :

> En ce temps-là j'aimais et maintenant j'arrange
>   Mes beaux amours en méchants vers.

En 1834, on se cache dans le *Trou du serpent;*
c'est pour y murmurer :

> Je n'aime rien, parce que rien ne m'aime.
> Mon âme usée abandonne mon corps ;
> Je porte en moi le tombeau de moi-même,
> Et suis plus mort que ne sont bien des morts.

Toujours délaissé, on se plonge dans la *Tristesse :*

> Moi, je n'aime plus rien,
> Ni l'homme, ni la femme,
> Ni mon corps, ni mon âme
> Pas même mon vieux chien.
> Hélas ! j'ai dans le cœur une tristesse affreuse.

Les *Poésies diverses*, de 1833-1838, nous enlèvent

sùr *le sommet de la Tour ;* si on prête l'oreille à la
cheminée de telle dernière pièce, on entendra :

> Depuis lontemps, pauvre et rude manœuvre,
> Insensible à la joie, à la vie, à l'amour.

La Comédie de la mort nous conduit en 1838. Même
complainte :

> Je ne suis plus, hélas ! que l'ombre de moi-même,
> Que la tombe vivante où gît tout ce que j'aime
>   Et je me survis seul.
> Je suis jeune et je sens le froid de la vieillesse,
> Je ne puis rien aimer.

Le changement de climat le consolera-t-il des dé-
ceptions d'une ingrate patrie ? Hélas ! le soleil d'Espagne n'a pas de rayons de chaleur assez forts
pour ranimer notre tourtereau transi qui roucoule
In deserto :

> Les pitons des sierras, les dunes du désert,
> Où ne pousse jamais un seul brin d'herbe vert ;
> Les monts aux flancs zébrés de tuf, d'ocre et de marne,
> Et que l'éboulement de jour en jour décharne,
> Le grès plein de micas papillotant aux yeux,
> Le sable sans profit buvant les pleurs des cieux,
> Le rocher refrogné dans sa barbe de ronce,
> L'ardente solfatare avec la pierre-ponce,
> Sont moins secs et moins morts aux végétations,
> Que le roc de mon cœur ne l'est aux passions.

N'importe à quel âge on le suive, on est forcé de regarder comme la clef de son *Dépit Amoureux* ces vers de la *Thébaïde* :

J'ai mis sur un plateau de toile d'araignée
L'amour qu'en mon chemin j'ai reçue et donnée ;
Puis sur l'autre plateau deux grains de vermillon
Impalpable, qui teint l'aile du papillon,
Et j'ai trouvé l'amour léger dans la balance.

Ainsi son amour n'est qu'un *Dieu* rimant bien avec *peu*. Cette disette de conquêtes est expliquée par la nature du caractère qui ne sait pas dévorer l'ennui et prend les béquilles et la perruque du vieillard pour mieux se donner l'air du *Malade Imaginaire*.

Gautier commit la maladresse de se faire et de rester le disciple, le fils unique de Joseph Delorme que le beau sexe eut le bon goût de fuir comme un porc-épic, à cause de ce triple dégoût d'ennui mortel, de maladies imaginaires et de vieillesse prématurée, fort inutile à une laideur assez complète pour n'avoir pas besoin d'autre repoussoir.

La *Préface* des *Premières Poésies*, de 1830-1832, commence par ces mots : « L'auteur du présent livre est un jeune homme frileux et maladif. » La première pièce est une *Méditation*, calquée sur le début de Joseph Delorme :

> Virginité du cœur, hélas ! sitôt ravie !
> Songes riants, projets de bonheur et d'amour,
> Fraîches illusions du matin de la vie,
> Pourquoi ne pas durer jusqu'à la fin du jour ?

Le *sonnet deuxième* est encore plus invraisemblable :

> Moi, mes traits soucieux sont couverts de pâleur ;
> Car, dès mes premiers ans souffrant et solitaire,
> Dans mon cœur je nourris une pensée austère,
> Et mon front avant l'âge a perdu cette fleur
> Qui s'entr'ouvre vermeille, au printemps de la vie,
> Et qui ne revient plus alors qu'elle est ravie !

Le Trou du serpent, de 1834, ne fait que jeter deux ans de poudre sur cette perruque de vieillard :

> Devant ma vie, aux trois quarts dépensée,
> Déjà vieillard et n'ayant pas vécu.

La Comédie de la mort, de 1838, nous amène à la fosse que la perspective d'une mort prématurée s'est creusée avec l'empressement du Trappiste :

> Mes vers sont les tombeaux tout bordés de sculptures ;
> Ils cachent un cadavre.

Le fossoyeur ne saurait craindre le danger d'un enterrement prématuré. Il y a longtemps que la *Thébaïde* a donné tous les syptômes de la putréfaction :

Je ne vis plus : je suis une lampe sans flamme,
Et mon corps est vraiment le cercueil de mon âme,

Désabusé de tout, plus voûté, plus cassé]
Que ces vieux mendiants que jusques à la porte
Le chien de la maison en grommelant escorte.

Tout ce qui palpite, aime ou chante, me déplaît,
Et je hais l'homme autant et plus que ne le hait
Le buffle à qui l'on vient de percer la narine.
De tous les sentiments, croulés dans la ruine
Du temple de mon âme, il ne reste debout
Que deux piliers d'airain : la haine et le dégoût.
Pourtant je suis à peine au tiers de ma journée;
Ma tête de cheveux n'est pas découronnée;
A peine vingt épis sont tombés du faisceau.

Rien ne manque au procès-verbal du décès. On a composé jusqu'à l'épitaphe :

Ainsi me voilà donc sans foi ni passion,
Désireux de la vie et ne pouvant pas vivre,
Et dès le premier mot sachant la fin du livre.

On se hâte d'ajouter, afin que l'oraison funèbre ne vienne point importuner le néant de cette fosse :

Car c'est ainsi que sont les jeunes d'aujourd'hui :

Leurs mères les ont faits dans un moment d'ennui ;
Et qui les voit auprès des blancs sexagénaires,
Plutôt que les enfants, les estime les pères.
Ils sont venus au monde avec des cheveux gris ;
Comme ces arbrisseaux frêles et rabougris
Qui, dès le mois de mai, sont pleins de feuilles mortes,
Ils s'effeuillent au vent, et vont devant leurs portes
Se chauffer au soleil à côté de l'aïeul,
Et du jeune et du vieux, à coup sûr, le plus seul,
Le moins accompagné sur la route du monde,
Hélas ! c'est le jeune homme à tête brune ou blonde,
Et non pas le vieillard sur qui l'âge a neigé.

On a tout accompli dans les règles. On a eu soin
préalablement de faire une retraite dans les *ténèbres.*
On lègue âme et corps à l'*oubli*, au *néant*, mais à un
néant qui éternise *les remords.* On commande un
convoi muet, comme ceux des athées, c'est l'enterrement civil que Sainte-Beuve a désiré de bonne
heure et qu'il a spécifié dans tous ses testaments ;
c'est l'enterrement civil que recommande Dargaud
pour faire contraste avec sa traduction de Job et du
Psautier et ses liaisons avec Lamartine. On établit
exécuteurs testamentaires le Destin et la Nécessité
pour trancher toutes les difficultés auxquelles don-
neront lieu les innombrables contradictions de cet
enfant de Mère Nature. Ils s'arrangeront à l'amiable ;
ils ont plein pouvoir. En s'associant avec les

saints désespérés, ils interviendront pour les *morts* qui *seront bannis de la terre et des cieux*, prendront à partie l'*Ange* qui *dit à la terre un éternel adieu* au moment où elle va être consumée pour toujours. Ils devront pousser *l'Archange à la bouche ronde*, afin qu'il ne perde pas une minute à sonner le *clairon du jugement dernier* qu'on attend avec impatience, à la fin de la *Thébaïde*, comme un beau tableau qui vaudra mieux que la fresque de la *Chapelle Sixtine* au Vatican.

X

L'annonce d'un convoi d'athée aurait seule suffi
pour être méprisé et exécré des femmes, puisque
ce gouffre leur enlève le Toujours. Elles admettent
difficilement le matérialisme et sa dernière conséquence du néant; elles croient si bien à l'immortalité que beaucoup se demandent pourquoi il n'y a
point de paradis pour les chiens, les chats, les oiseaux et les bêtes dont elles sont folles. Elles se font
un culte des tombeaux. Il faut les connaître bien
peu pour ne pas s'apercevoir combien elles se plai-
sent dans l'ostentation des larmes. Habituellement
elles ne se trouvent pas mal; toutefois, elles s'ima-
ginent qu'elles sont mieux, qu'elles deviennent par-
faites, quand elles pleurent beaucoup. Elles aiment
à aimer toujours; elles aiment autant à pleurer

toujours, à paraître des fontaines de larmes. Est-ce que le néant pourrait leur rendre leurs larmes?

Puis, les femmes n'ont-elles pas assez d'ennuis personnels, sans avoir besoin qu'on leur dédie la théorie de la pratique de l'ennui?

Puis encore, les femmes n'ont-elles pas assez de leurs indispositions périodiques , des maladies plus ou moins graves qui les accablent au moins la moitié de leur vie, sans qu'on ait la barbarie de leur demander de servir de garde-malade à tous les malades imaginaires, pleins de santé, et dans tout l'épanouissement de la jeunesse?

Enfin les femmes vieillissent si vite qu'elles ont besoin de toutes les ressources de leur esprit naturel et des conseils de leurs amis pour réparer l'irréparable outrage des ans, en plaçant et le faux et la couleur, partout où il le faut. Ce qu'elles se permettent, elles le louent chez tous ceux qui se rajeunissent pour les satisfaire. Comme le lierre, leur faiblesse ne se conserve qu'en s'appuyant sur là force. C'était changer le rôle des sexes que s'arracher les cheveux, se courber le dos, se casser les membres, s'ôter tout éclat et découvrir toute l'impuissance de la vieillesse, comme nouveau genre de séduction.

D'ailleurs était-ce bien original que toutes ces
façons de geindre ? Mais tout cela est nouveau
comme le Jeu d'Oie, renouvelé des Grecs, un pla-
giat plutôt qu'une imitation. Ces quémandeurs
d'amour avaient volé leur poétique de catarrhe, de
bandage et de perruque aux supercheries des
truands, aux haillons de bric-à-brac des gueux,
aux contorsions ou lamentations des mendiants de
la rue, soi-disant pères du nombre invariable et
obligé de cinq enfants sans pain, en un mot à toutes
les contrefaçons et profanations des souffrances
morales et physiques de la pauvreté.

Sainte-Beuve, l'amoureux postiche avait échoué.
Le grime Gautier ne devait pas être plus heureux,
quoiqu'il eût tant d'avantages sur Sainte-Beuve,
étant plus jeune, jouissant d'un tempérament
moins lymphatique, d'une chevelure abondante et
superbe, et surtout d'une tête orientale près des-
quelles la laide figure de l'autre aurait bien fait de
se cacher sous ses cheveux roux.

Tous les fabricateurs de vers de cette époque ne
connaissaient pas la femme, quand ils se sont em-
pressés de débuter. Depuis, ils se sont repus de
plaisir ; ils ont eu des goûts de valets pour les servantes ; ils sont descendus plus bas encore. Plu-

sieurs fois Sainte-Beuve m'a rappelé le nom et le
prix de ces Muses, qui tenaient lieu de Vénusettes
dans le domaine de la police. Mais jamais tous ces
romantiques n'ont pu s'élever jusqu'à la femme
du monde ; sous ce rapport, ils sont inférieurs à
tous les classiques du grand siècle, qui se sont
perfectionnés dans la société des dames de Ver-
sailles ; ils sont même au-dessous des écrivains
du XVIIIe siècle, qui ont conservé la tradition
des convenances dans le badinage et la gaieté,
depuis Voltaire jusqu'à Gresset. Le charme des
ruelles et des salons de femmes, qui a répandu
tant de grâce, de finesse, de légèreté sur la langue
des âges précédents, on le chercherait vainement
dans les productions des hugolâtres. Ils sont lourds
comme s'ils portaient un manteau de plomb ; ils
sont raides comme s'ils avaient été passés à l'em-
pois ; ils sont si monotones qu'ils en deviennent ennuyeux. Aucun d'eux ne sait rire, et par conséquent jouer avec la langue française. Aussi quel
embarras quand il faut parler à la femme ? Le com-
pliment, qui doit être court, simple, aisé, se gonfle
comme un ballon, se traîne comme une harangue.
On peut citer Gautier comme exemple. Il s'était
imposé la tâche de douze sonnets ; il a été obligé

de rebrousser chemin jusqu'à la mythologie pour venir à bout de cette corvée. Ses autres sonnets sont passables et préférables à ceux de Sainte-Beuve. Mais pour ceux qui sont envoyés à une princesse, le lecteur a autant besoin de patience que l'auteur. Toute femme qui n'aurait pas la politesse exquise d'une *bonne princesse*, d'une *indulgente princesse* renverrait la *dédicace* de ce *Douzain de Sonnets* avec ces mots : Assez du premier ! N'importe quelle suivante du temps de Molière eût pris la fuite à la vue de ce pavé d'ours qui va casser une tête humaine pour ne pas manquer d'écraser une mouche qui trouble le sommeil de l'*Amateur des Jardins*, dans La Fontaine.

XI

Si le style est l'homme même, on doit se flatter de connaître tout Gautier. Il a toujours été si ennuyé, il a tant souffert de voir si rarement accueillir le peu d'amour que son tempérament lymphatique mettait au service d'une imagination passablement frileuse, qu'il convient de ne le juger qu'avec le plus d'indulgence possible. D'ailleurs il n'a aucune originalité, c'est un imitateur. Il est plus ou moins badaud et souvent souverainement, mais parce qu'il copie servilement tout ce que la badauderie et la niaiserie ont mis à la mode.

Maintenant que des becs de gaz éclairent toute la distance qui sépare la station d'arrivée du point de départ, il faudrait être aveugle pour ne pas distinguer la physionomie de toute l'école.

Ce qui frappe à première vue, c'est la corvée qui remplace l'inspiration. La plus vile prose dédaignerait habituellement ce qui fait la nouveauté et l'orgueil de cette poésie. Tous les mots les plus rutilants sont invités à battre aussi fort que le tambour; l'oreille en est assourdie, et c'est tout : le volcan n'a vomi que des glaçons; on ne trouve rien d'aussi froid, d'aussi sec, d'aussi aride chez les classiques. Le mouvement, et même le souffle de la vie manquent, parce qu'il n'y a ni l'âme du poète, ni le cerveau du penseur. On croupira dans le laid, on ne sortira pas du petit, parce qu'il est impossible que l'imagination s'élève, par suite d'un travail forcé, jusqu'au grand, quand on n'a aucun principe. On aura beau presser, comme une orange, toute cette raffinerie d'accouplements de consonnes et de voyelles, on n'en dégagera que le dernier refuge de l'athéisme. On ne croit à rien, parce qu'on n'aime rien. Il n'y a pas d'autre amour que l'amour-propre. La profusion des images ne cache qu'une abondance stérile. Les mots tiennent lieu d'idées et de sentiments; ils sont tout. Encore si c'était l'expression propre ? Mais non ! La cacophonie est érigée en harmonie; l'enjambement se donne l'air de la période la plus commune; là rime rappelle les mariages mal assortis ; fort étonnés d'être mis, à l'alignement de la mesure, les mots se coudoient, se battent et se tuent dans la contradiction. On est très heureux qu'on n'ait affaire qu'avec le précieux, car c'est le galimatias qui prétend dominer, si le creux et le vide laissent un instant de répit au bon sens.

Quand les romantiques se comptèrent, se réunirent, s'enrégimentèrent et arborèrent leur étendard, la langue était depuis longtemps arrivée à la perfection dans tous les genres. Molière l'avait nettoyée des dernières taches du précieux. Malgré toute sa hardiesse, le XVIII siècle s'était contenté de cet héritage; il le conserva comme un patrimoine; c'est la seule chose qu'il ait respectée et laissée intacte à la postérité. Ce que les philosophes avaient seulement ébranlé, les conventionnels l'abattirent, trône et autel, châteaux et chaumières; la guillotine n'épargnait rien. Quand on inaugura le culte de la Raison, on choisit une belle actrice. La Raison était bien drapée, dernier hommage rendu à la pudeur d'une langue chrétienne. Les romantiques iront aussi à Notre-Dame ; que vont-ils y faire ?

Ils avaient sous la main une langue formée et

perfectionnée par le Christianisme sur les genoux de toutes les femmes les plus belles, les plus riches, les plus spirituelles et les plus gaies, les plus tendres de la société. Il aurait fallu une mère chrétienne, une mère sainte à celui qui prétendait enrichir une langue à son apogée ; elle manqua à l'audacieux. Ses disciples ne furent pas plus heureux.

Les temples étaient rouverts depuis longues années ; la religion florissait. On ne la nia point, mais on ne lui demanda rien. On ne pouvait pas quitter les salons de Chateaubriand pour aller vénérer au Panthéon les restes de Voltaire et de Rousseau. Après tant de révolutions d'idées occasionnées par le Protestantisme, la Fronde, l'Encyclopédie, la Convention, l'Opposition, on jugea prudent de laisser les choses comme elles étaient, sous la protection du drapeau tricolore. Mais on s'imagina que le temps était mûr pour une révolution de mots. On était jeune ; il suffit d'un bond pour reculer jusqu'au siècle de Marot et de Ronsard, et se désaltérer à la source de la langue moderne. Le lexique de Rabelais aurait dû suffire, puisque c'est le dictionnaire le plus complet qu'on ait encore, car il a conservé tout ce qu'il y avait de bon dans le passé, mis à profit les langues mortes et les langues vivantes, emprunté partout et, au besoin, créé des mots de toutes qualités, de toutes mesures, au point qu'il s'en trouve de si longs qu'ils forment à eux seuls un vers alexandrin, sans compter ces réunions inintelligibles de voyelles et de consonnes qui arrivent à composer un chiffre de 19 lettres, puis de 36, puis de 54, enfin de 56 qu'il serait tout à fait impossible de prononcer. On dédaigna Rabelais précisément parce qu'il avait trop fait, cumulant les fonctions de classique et de romantique. Il ne s'agissait pas de faire mieux, mais autrement. D'ailleurs, maudire Voltaire et se réclamer de Rabelais eût été une contradiction ; puis bon gré, mal gré, il aurait fallu rire avec Rabelais. On était naturellement maussade, sinon ennuyeux; ce fut une raison de se croire sérieux.

On déblatéra contre Voltaire et Rousseau, on bafoua le savant, on qualifia l'érudition de pédantisme, afin qu'il fût clair comme le jour qu'on respectait les idées, et qu'on ne travaillait qu'à une révolution de mots.

A la vérité on se mettait sous l'invocation de la Renaissance, qui avait été la résurrection du polythéisme. L'OLYMPE fournissait une infinité de divi-

nités mâles et femelles, belles et laides, grandes et
petites, répondant à toutes les nuances des sept
couleurs, se prêtant à la mesure de tous les genres
de vers, tantôt manchots et boiteux, tantôt éten-
dant autant de bras et de pieds que la circonstance
réclamait. Tout le Panthéon fut abandonné parce
qu'on remarqua qu'il y avait passablement d'esprits
soi-disant éclairés, qui avaient maille à partir avec
l'Etre suprême auquel la Convention avait réduit
la sainte Trinité. On reconnut Dieu, mais on confessa aussi que la foi était morte. Pour plaire
aux croyants on exhiba la beauté de la femme
comme une nouvelle et invincible preuve de l'existence de Dieu. Mais pour ne pas scandaliser les
hommes qui sont dans l'impuissance de manifester
leur amour, les laids et les sots dont les flammes
ne rencontrent que dédain, dégoût, on recourut à
ce nouveau sophisme qu'il n'y a point de Dieu pour
ceux qui ne sont pas aimés. C'était proclamer un
Dieu de caoutchouc, mais c'était Dieu ! Assez pour
la liberté des cultes d'après la charte.

On se posta sur les épaules de la Renaissance
comme sur un observatoire, afin d'accuser de fa-
deur, de pâleur toute la littérature moderne, en lui
offrant le tableau des derniers siècles du Moyen

Age. On se garda bien de remuer les idées de cet âge d'or de la foi; on n'en montra que les costumes et les ornements bariolés de toutes couleurs, les pierres et non les âmes, les coutumes, mais jamais l'esprit des mœurs, tout l'extérieur au détriment de l'intérieur. A ce prix, on se crut coloriste. La vérité est qu'il n'y a jamais eu d'écrivain aussi incolore que tous les artistes de cette audacieuse école. Victor Hugo n'a qu'un pennon fauve; nous savons que le drapeau de Gautier est seulement mi-partie jaune et bleue; on trouvera difficilement un autre rapin qui ait manié heureusement jusqu'à trois couleurs. Le pittoresque seul de ce petit livre des *Fables* de La Fontaine donne plus de variété de tons, de nuances que l'œuvre complète de tous les romantiques. Le mépris de Boileau pour « l'abondance stérile » est vengé. Gloire et reconnaissance aux professeurs qui font apprendre par cœur l'*Art poétique*, aussi multicolore que tous les chefs-d'œuvre du siècle de Louis le Grand!

On a échoué comme coloriste, parce qu'on s'est fait peintre par dévouement. Mais, on sera sinon infaillible, du moins indéfectible dans la révolution des mots, parce qu'on est né linguiste. On n'inventera aucun mot nouveau, parce qu'on n'a rien de nouveau à dire; ainsi Gautier se bornera à mettre Tartuffe en adverbe et à employer tantôt le féminin, tantôt le masculin en l'honneur de l'amour. On ressuscitera de vieux mots; aussi Gautier revient deux fois au verbe rosir. Comment enrichir la langue? ce sera en la ruinant, en lui ôtant tout crédit, au point qu'elle n'obtiendra point de concordat et ne se réhabilitera jamais dans le commerce. La révolution des mots aboutit à une banqueroute frauduleuse, en faisant de chaque mot un barbarisme. La métaphysique des mots est le premier dogme que nos maîtres linguistes affectent de méconnaître. Les mots ne sont plus considérés que comme les esclaves de la césure, de l'hiatus et de la rime relativement à la mesure; suivant qu'on a besoin d'un pied, de deux pieds, de trois pieds, de quatre pieds ou plus, on met à l'alignement des mots solipèdes, bipèdes, quadrupèdes, quintupèdes, sextupèdes. Cette levée de mots de différentes tailles se contredira, se battra; mais on compte sur la discipline du vers pour les habituer à la marche et au silence. On prendra pour l'éclat de l'antithèse la révolte de la contradiction; on chantera victoire après une boucherie du sens et de la propriété de chaque mot dont on a eu le caprice. L'érudition des mots est la même chose que l'ignorance des mots. Qu'on ouvre au hasard n'importe quel livre de tout romantique, on est sûr d'y signaler, aussi bien que dans Gautier, soit des contradictions, soit des barbarismes qui sont de la force des fautes grammaticales pour lesquelles les enfants subissent la férule et sont condamnés à un *pensum*.

La révolution des idées enfante la révolution des choses; la Convention trône après l'Encyclopédie, et la guillotine de Sanson succède au blasphème de Voltaire et de Diderot. La Révolution des mots engendrera la Commune; au délire des poètes répondra le pétrole. Qu'ils l'aient voulu ou non, les romantiques sont les précurseurs des Communards. Ils sont des sots, s'ils ne l'ont pas prévu. Ils sont bien bêtes, s'ils le nient.

XII

Pour cette révolution de mots Victor Hugo s'est nommé roi. C'était le poète-roi, mais pas pour les idées, comme le roi-poète David. Gautier acclama le roi Victor, de concert avec tous les hugolâtres. Pour être un vrai roi, Hugo se nomma aussi prêtre, afin de rappeler le roi-prêtre Melchisédec. A cet effet, il érigea la poésie en sacerdoce. Il s'attribua la tiare et le sceptre des Césars; ses disciples le révérèrent comme le souverain Pontife; pour le servir sur l'autel de la vanité, ils entrèrent dans les ordres majeurs ou mineurs. Autant de poètes, autant de prêtres. On s'agenouille devant les prêtres; Gautier recommande d'écouter à genoux le poète. Dans toutes les religions on exempte le prêtre d'une multitude de charges; Gautier dispense le poète de tout ; il ne lui impose qu'un devoir, celui de chanter. Malgré son bon sens, Balzac a partagé tout cet engouement. On lit cette profession dans sa lettre, du 18 novembre 1846 : « Aujourd'hui, l'écrivain a remplacé le *prêtre*, il a revêtu la chlamyde des martyrs, il souffre mille maux, il prend la lumière sur l'autel et la répand au sein des peuples ; il est prince, il est mendiant, il console, il maudit, il prie, il prophétise ; sa voix ne parcourt pas seulement la nef d'une cathédrale, elle peut quelquefois tonner d'un bout du monde à l'autre ; l'humanité, devenue son troupeau, écoute ses poésies, les médite, et une parole, un vers, ont maintenant autant de poids dans les balances politiques qu'en avait jadis une victoire. La presse a organisé la pensée, et la pensée va bientôt exploiter le monde ; une feuille de papier, instrument d'une immortelle idée, peut niveler le globe ; le *pontife* de cette terrible et majestueuse puissance ne relève donc plus des rois ni des grands ; il tient sa mission de Dieu. — Je prie rarement. » Est-ce clair ?

Il fallait un temple à cette procession de poètes. Hugo bâtit une grande *Notre-Dame,* de papier in-8. Gautier se contenta d'une petite *Notre-Dame,* de papier aussi, mais d'une feuille in-18. Tous les au-

tres eurent une madone, puisque l'*Angelus* avait
porté bonheur à Byron.

Ceux qui eurent l'idée d'examiner tout ce qu'il y
avait de noir sur le blanc dans la grande *Notre-
Dame*, de papier in-8°, remarquèrent que l'auteur
avait oublié de mettre un Dieu dans le tabernacle.
Le roi-pontife Hugo a-t-il l'intention de se déclarer
Dieu, comme faisaient les Césars, ou attend-il un
décret de déification des derniers vétérans de son
cénacle? Heureusement il a eu jusqu'à présent la
modestie de ne se manifester qu'en qualité de Lu-
cifer ; il rend aux églises l'hommage de ne pas y
entrer assister au service divin, quand il daigne
suivre un convoi catholique ; il manque rarement
un enterrement civil pour se donner un beau sujet
de lumière dans les ténèbres. Il est fâcheux que ces
discours de croquemort soient inférieurs aux *Orai-
sons funèbres* de Bossuet, de Fléchier, de Massillon,
de Mascaron, prononcées dans les églises, après
une mort chrétienne.

Le temple était vide ; rien de plus facile que de
réparer la distraction du grand prêtre au moyen
d'un mot solipède. Aussi les hugolâtres rôdèrent
tout autour de la métropole de Paris ; ils n'hésitè-
rent point à envahir Notre-Dame ; ils se jetèrent sur

tous les vases sacrés, mais pour les profaner comme
Balthasar. Gautier arracha des gloires d'or un Dieu
pour rire, un Dieu de poche, tout juste ce qu'il faut
à ceux qui ne veulent que d'un *Dieu* rimant bien
avec *Peu*. Rappelons-nous que

Le Dieu de ce Gautier ne vaut pas un hareng.

Donc les *saints désespérés* qui ont *renié leur Dieu*.
Donc saint athéisme. Et d'un.

Pour ceux qui ont la foi, l'espérance et la charité,
Gautier dit, et sa parole créa, à la minute, des dieux
à l'infini, des cieux nouveaux, qui ne tenaient rien
de l'Olympe. Il mit au divin la nature et ses parfums, tous les membres du corps et toutes les facultés de l'âme, le pinceau du peintre et la lyre du
poète, les poètes sans exception ; Eschyle, Sophocle,
Euripide comme Pétrarque, leur chant et leurs larmes, et jusqu'à la courtisane de Madeleine, pour
ses fautes, il est vrai, et non pour son repentir : -
tout était dieu, excepté Dieu même, suivant le célèbre mot de Tertullien, décoré par Bossuet. La dé-
votion avait de quoi se rassasier. Donc panthéisme.
Et de deux.

A tant de dieux il fallait des adorateurs pour oc-
cuper leur solitude. Gautier dit, et sa parole crée,

pour remplacer les mauvais anges et augmenter le
chœur des bons anges, une multitude d'anges
nouveaux, des anges pour tous les besoins et toutes les allégories. Il mêle, à ces anges masculins
ou neutres, une grande variété d'anges femelles ;
il fait des anges de toutes les femmes, surtout des
adultères et des fornicatrices ; il s'abat, une nuit de
bal, à l'Opéra ; toutes les filles encore à vendre ou
déjà vendues sont métamorphosées en anges, pendant qu'elles chantent ou dansent ; elles n'échappent
point au sort des maîtresses qui fument dans leur
boudoir avec l'amant de cœur : de cette sorte, tout
ce qui avait été oublié au divin fut transporté à
l'ange. Il n'y avait eu qu'une courtisane de divinisée ;
mais à cette deuxième époque de la genèse, toutes
les catégories de la prostitution, les filles qui se
donnent comme les filles qui se vendent, les adultères désintéressées ou vénales, furent élevées à la
dignité d'anges. Anges mâles et femelles ont bien
fumé, chanté, dansé ; ils doivent avoir faim et soif.
Qu'ils boivent et mangent, suivant leur goût ; Sainte-
Beuve, qui a bâclé le *Cénacle*, a donné l'exemple de
faire gras le Vendredi-Saint. Entre anges tout est
licite. Gautier, qui est le fils de quelqu'un et le père
de filles et de garçon, semble supprimer la paternité

et n'admet d'autre amour que celui de la mère. Pour que l'amour ne devienne point une passion creuse et vide, il convient de le débarrasser de tout engagement, puisque toute union ne dure pas plus de six mois. Donc que tous ces anges Vénusets et Vénusettes suivent leurs caprices et ne se refusent rien. Donc promiscuité. Et de trois.

La *sainteté de l'art*, lavé dans les *saints flots du baptême*, veut s'élever à la *peinture sainte comme les autels*. Pour avoir des *modèles divins* il faut donc que les anges se dépouillent de tout et marchent, comme Adam et Ève, dans l'Éden. Qu'ils ne rougissent pas, car où il y aurait de la gêne, il n'y aurait plus de plaisir. Plus de pudeur, puisque le vice est supprimé. D'ailleurs Gautier a fait de Dieu un bon compagnon d'atelier, qui n'est, après tout, que le rival ou au plus l'égal de la peinture. Donc que les anges mâles et femelles reviennent à l'état de nature, au berceau de l'innocence, car Gautier demande à voir la *sainte nudité* des *antiques Vénus*. Donc cynisme. Et de quatre.

Si l'on peut tout faire, à plus forte raison doit-on tout dire, afin que le vers soit libre enfin. Qui s'y opposerait? Gautier n'a-t-il pas fait de Dieu le camarade de Dante, de Shakspeare qui étaient si peu

précieux, si peu bégueules? La *sainte poésie* réclame, dans ses *saints transports*, dans ses *extases
saintes*, et avec de *saintes larmes*, la *sainte nudité du
vers*. Sois réhabilité, Piron! tu as trop pleuré la
verve de quelques heures de ta jeunesse, qui t'a
fermé les portes de l'Académie. Tu es le précurseur
de la liberté de penser; la sainte nudité pourra
désormais passer dans les mandements des évêques
après les *sermons* de saint Bernard sur le *Cantique
des cantiques* et les *Méditations* de Bossuet sur les
transports de l'amour. Lamartine n'a-t-il pas donné
la *vision* de l'*obscénité sainte* comme du *saint amour*
et de *la faculté sainte* de la reproduction dans la
Chute d'un Ange qui vit dans le panthéisme et finit
par le blasphème et le suicide, comme Werther et
tous les héros des légendes, poèmes et romans
de l'école romantique? Donc obscénité. Et de
cinq.

Décidément tartufier et versifier, c'est une rime
très riche.

Total de la révolution des mots ou de la niaiserie
des barbarismes : escamotage du sacerdoce, sacrilèges, saint athéisme, promiscuité, cynisme, obscénité, et pour fin : enterrement civil, désiré par Gautier, stipulé par le testament de Sainte-Beuve et

journellement consacré par Hugo pour les *saints désespérés*, qui ont *renié leur Dieu*.

Voilà ce que les romantiques ont dit. Les communards ont-ils répété autre chose dans leurs placards et leurs sermons ? Le soir, les églises n'étaient-elles pas devenues le temple de la prostitution comme de l'athéisme ? Les femmes et les maîtresses des romantiques étaient trop vieilles pour étaler leur sainte nudité des antiques Vénus. Autrefois il y avait des femmes romantiques qui ne se faisaient aucun scrupule de se mettre dans la sainte nudité des antiques Vénus. La vile prose des communards aurait reculé devant les exigences de la sainte poésie des romantiques. Les Vénusettes de la Commune laissèrent la sainte nudité des antiques Vénus à tous les romantiques, et préférèrent ne paraître, dans les églises profanées, que plus ou moins bien vêtues, avec la décence de la Raison des régicides, sur le grand autel de Notre-Dame.

Que reste-t-il d'impeccable dans la fabrique de vers de Théophile Gautier ?

XIII

Comme la littérature est l'expression de la société, suivant l'observation de Bonald qui remonte à 1805, il est indispensable de demander à l'Histoire le commentaire des principes romantiques qui ont passé sous les yeux du lecteur.

C'est un fait assez connu et souvent rappelé depuis, qu'au château d'un comte, après un souper fort gai où tous les convives avaient gagé à qui dirait ou ferait le plus de folies, M. Thiers, si peu rabelaisien, trouva plaisant de se rendre au balcon et d'agir sans façon comme il l'eût fait sur les bords du Titicaca ; là il mit bas son pantalon, et, entre deux chandelles, il montra sa mappemonde du duc de Vendôme, puis il laissa dans le vase d'usage la preuve qu'il avait bien bu, bien mangé et bien digéré, aux applaudis-

sements de la galerie et à l'éternel désespoir des
gens comme Sainte-Beuve, qui ont trouvé ou juge-
ront de mauvais goût la publication de la fameuse
lettre de la princesse Palatine sur un sujet analo-
gue.

C'est un fait aussi connu qu'aux *Vendanges de
Bourgogne,* le restaurant le plus vaste et le plus fameux sous le règne de Louis-Philippe, et situé près
du canal au Faubourg du Temple, il s'est maintes
fois donné des banquets où tous les convives res-
taient entièrement nus, depuis le commencement
jusqu'à la fin du repas ; sans doute, on ne se gêne
pas entre hommes ; il est certain que ces sauvages
de la civilisation ne se réunissaient point pour bou-
gironner. On nomme un individu qui crut s'illustrer
en faisant servir habituellement, dans le même restaurant, à ses commensaux également tout nus, un
immense plateau sur lequel une superbe femme était
étalée toute nue sur un amas de persil. On nomme
un autre amphitryon qui brûla d'éclipser ces deux
espèces de banquets de Suétone ; il organisa des
soupers de garçons avec des femmes libres ; chacun
devait avoir sa chacune ; l'étiquette voulait que chaque sexe quittât tous ses vêtements avant de se
mettre à table, et ne les reprît que pour partir.

La vie privée ne laisse rien à imaginer sur l'oubli
des convenances. Un des romanciers les plus célè-
bres accoutuma sa fille à se baigner avec lui ; depuis, elle eut un mari et probablement quelques caprices, mais elle ne cessa d'aimer l'auteur de ses
jours comme un père, de le chérir comme un homme
de la race d'Hercule, et de l'adorer comme un écrivain de génie, à ce point qu'elle tenait une lampe
perpétuellement allumée devant son buste.

Un autre romancier se mettait à sa fenêtre dans
un costume d'une si grande indécence que, sur la
plainte des locataires de la maison et des passants,
le commissaire de police du quartier fut obligé de
le menacer, s'il ne respectait pas plus les convenances, de l'envoyer en police correctionnelle pour ou-
trages aux mœurs et à la morale publique. Dès que
la saison le permettait, il restait tout nu sur son
canapé, et c'est dans cette position qu'il recevait les
visiteurs, le cigare à la bouche. Il aimait à prendre
ses bains avec ses filles ; on s'est souvent demandé
s'il a froidement perpétré le crime que Loth ne
commit que dans l'ivresse la plus profonde.

Les employés du Ministère de l'Instruction publique et des Cultes ont été plusieurs fois curieux
de savoir ce qui se passait dans le cabinet d'un

grand-maître de l'Université ; à travers le trou de
la serrure, ils apercevaient Cousin contemplant la
Philosophie sans voile dans la personne d'une belle
blanchisseuse du quartier de la Sorbonne.

Une fois je parlais avec Préault d'une matrone
dont le mari a été pair de France ; il me dit : « Un
jour, j'allai voir un de mes confrères ; je frappai à
la porte et j'ouvris immédiatement, suivant mon
habitude, puisque la clef était dans la serrure. Là je
rencontrai cette dame qui était toute nue ; elle ne rou-
git nullement et ne parut pas plus embarrassée que
les poseuses de profession qu'on payait à cette époque, quatre francs la séance ; elle ne fut préoccupée
que du désir de savoir comment je la trouvais, suivant mon idéal d'artiste. » Ainsi point de précaution
pour une importunité ; le premier venu pouvait tout
voir, contrairement à l'habitude des ateliers de retirer la clef, et de ne recevoir personne, quand on a
des modèles. Il est vrai qu'un pair de France prit si
peu ses mesures qu'il fut trouvé par un commissaire de police, escorté du mari outragé, dans un
flagrant délit d'adultère avec une femme mariée.
Tout l'Olympe politique riait d'avance et ne savait
quelle contenance il faudrait faire le jour où on serait forcé de juger un Mars de plume surpris dans

le même lit avec une autre Vénus par un Vulcain de
pinceau. L'affaire n'alla pas plus loin que dans Ho-
mère. Le demandeur finit par retirer sa plainte et
voulut bien se contenter d'un dédommagement de
quarante mille francs qui furent payés, me disait
Sainte-Beuve, sur la cassette du roi Louis-Philippe.

Un commissaire de police alla, pendant la nuit
du fameux coup d'État, arrêter à son domicile
l'un des hommes qui firent le plus de mal à l'empire et qui ont le plus profité de sa chute : ce per-
sonnage fut trouvé couché dans le même lit avec
sa belle-mère, la seule maîtresse qu'on lui ait connue ; pendant ce temps-là sa femme reposait, dans
une autre chambre, dans le même lit avec le seul
amant qu'on lui ait aussi connu.

Ces différents tableaux paraîtront du classique
tout pur au prix d'une exhibition, toute romantique, car pour le coup le beau c'est le dégoûtant.
Un étranger entra, un jour, dans le bureau de l'un
des directeurs de Revue ; le voyant triste, abattu
au milieu d'un cercle d'amis, il demanda la cause
de cet état ; sur un silence prolongé, il crut qu'il
serait plus poli de multiplier ses questions. Pour
se débarrasser de tant d'importunité, le directeur
impatienté s'écria : « Vous voulez savoir ce que

j'ai; eh bien, le voilà. » Alors il montra à toute l'assistance l'un de ces magnifiques cas de maladie qui sont de la spécialité du docteur Ricord. On a raison d'appeler les suites des liaisons dangereuses des maladies secrètes; quiconque en est atteint, éprouve la plus vive répugnance à aller consulter un médecin; il y a des individus qui ont souffert toute la vie pour avoir attendu des semaines, des mois et même des années avant de se soumettre à un traitement qui aurait guéri radicalement, s'il n'avait pas été entrepris trop tard, à une époque où ces maladies ne sont plus secrètes.

Il est digne de remarque que la fondation du Musée Dupuytren coïncide avec l'explosoin des Romantiques. Il y vint tant de femmes et tant d'hommes de tout âge et de toute condition que l'entrée qui était d'abord publique, n'est plus maintenant réservée qu'aux médecins et aux personnes munies de carte.

Que de gens courent admirer au Musée de Cluny une ceinture de chasteté à laquelle tant de contes sur le cadenas font allusion! Cependant dans le voisinage de l'École de médecine, la plupart des boutiques mettent en montre des ceintures de continence pour les petits garçons et les petites filles

affaiblis où épuisés par des exercices licencieux.
Ces habitudes désordonnées ont amené beaucoup
de cas d'anémie dans l'adolescence, chez les classes
aisées ou opulentes. Les chefs de famille feraient
bien d'y penser; leur présence empêche souvent
le médecin d'interroger le malade; il n'est pas
obligé de tout deviner.

Il a été plusieurs fois question et, dans l'avenir
on parlera beaucoup du *Livre d'amour*, tiré seulement à un petit nombre d'exemplaires qui se vendent de cent cinquante à deux cents francs. Si l'on
juge de cet amour par les vers qu'il a vomis et
qui sont quelquefois dignes de M. de Pourceau-
gnac, on ne sera pas étonné de trouver tant de
gens qui regardent cette histoire comme un des
romans les plus invraisemblables.

Or, en ce temps-là il y avait à Paris une famille qu'on citait et qu'on admirait comme la maison de Philémon et de Baucis. C'était comme un
nid de tourterelles. Il vint une époque où madame
se trouva fatiguée, épuisée par plusieurs grosses-
ses successives et encore plus excédée des infati-
gables exigences du devoir conjugal. Elle demanda
du repos et confessa qu'elle fermerait les yeux et
garderait le silence si Monsieur choisissait une sup-

pléante au dehors. Un romancier célébre trouva dans une jeune actrice toutes les qualités que réclamait la circonstance. Monsieur alla donc en ville, il voulut de la variété dans le plaisir; après le bouilli il demanda du rôti. La permission accordée pour une personne fut utilisée pour plusieurs. Pendant ces intrigues, madame abusa du repos et paressa. Elle songea peu à la coquetterie de la toilette; elle perdit les plus utiles pratiques qui conservent et rehaussent la beauté; son négligé passa les bornes de la simplicité. Elle était encore jeune, belle, mais dénuée de cet esprit qui conserve toujours plus ou moins d'empire. Dans la *Luxure*, Eugène Sue a peint ce fléau des ménages. Trouvant mieux et toujours de mieux en mieux en ville, Monsieur ne fut nullement tenté de réclamer ses droits. Madame ne s'attendait pas à être délaissée, et se désespéra de cette séparation de corps; elle s'ennuya. Caliban offrit ses consolations et apprit que Monsieur abusait de la tolérance. Ce qui n'était plus que dégoûtant pour un mari sembla appétissant à un remplaçant. S'il y eut vengeance d'un côté, il y eut aussi vengeance de l'autre. Ici l'amour, c'est la haine, la plus noire bassesse. Il est inouï qu'un homme de lettres ait jamais mis le public

dans la confidence de ses relations avec une femme
mariée, du vivant du mari et des enfants. Cette
exploitation d'un adultère auquel les contemporains
n'ont guère cru, a besoin d'un commentaire qu'on
lit dans le *Livre de Bord*, (tome Ier, p. 237), publié
par Alphonse Karr, en 1879. Madame dit à Caliban : « Je veux prendre pour complice d'une faute
qui sera unique un homme qu'on ne puisse m'accuser d'aimer, un homme qui ne puisse pas m'avoir
plu ; je choisirai donc le plus laid, le plus désagréa-
ble, le plus ennuyeux, le plus traître, le plus répu-
gnant au physique et au moral, des hommes que
je connaisse ; c'est vous dire que j'ai pensé à vous ;
voulez-vous de moi ? » Il fallait être un Caliban pour
jouer le fanfaron, après avoir avalé ces couleuvres.
Quel est l'homme qui ne mettrait pas à la porte l'ef-
frontée qui viendrait lui tenir un pareil langage de
Méduse ?

A cette époque régnait une femme qui fut comme
un sérail pour les gens de lettres. Elle retenait for-
cément pour la nuit le dernier des visiteurs de la
soirée. Tous ceux qui ont été ses amants, sont sor-
tis de sa couche plus ou moins affaiblis et ennuyés ;
on ne leur a jamais retrouvé la vigueur physique,
la gaieté de jeunesse, la verve de talent qu'ils

avaient eue avant ce commerce. Un vampire ne leur aurait pas fait plus de mal. Cependant cette créature n'avait aucun charme d'intimité; tous ceux qui l'ont connue, ne la représentent que sous l'image de la femelle du taureau.

Il y avait aussi une espèce d'Aspasie, grande, belle, grosse; un ministre qui croyait être prodigue en payant le plaisir dix francs, se fit un devoir de lui accorder une pension de huit cents francs; quand on demandait dans les bureaux à quel titre elle devait cette faveur, les employés répondaient: « C'est une jolie femme. » Pour un article et même pour une réclame, on pouvait compter sur elle. Sa complaisance a dû être bien grande, car elle est morte jaune et maigre comme un squelette.

Il est certain que Sainte-Beuve, Gautier et Baudelaire n'ont jamais osé mettre leur expérience prétendue de leur glacée et glaçante volupté au service de madame Sérail et de madame Aspasie.

J'ai nommé Baudelaire, disciple de Gautier, qui fut le disciple de Sainte-Beuve. Il gagne beaucoup dans la jeunesse qui fait de la poésie une pluie de verglas. Ses *Fleurs du Mal* lui valurent un procès en police correctionnelle; il fut condamné à la suppression de quelques pièces; peu lu avant ce jugement, il a été très recherché depuis. Il voulut jouer le fanfaron de vices. Voyons comment il réussit. Il allait habituellement manger rue du Bac dans un restaurant où il avait un crédit d'ouvert; le mémoire était payé, de temps en temps, en partie par un honorable beau-père qui laissait au débiteur le soin de solder le reste. Baudelaire y amenait toujours une femme libre. Or, pendant longtemps, oui fort longtemps, il y eut un moment où, pendant le dîner, on entendait du dehors des soupirs et des bruits de chaise prolongés. Les officiers de l'établissement enviaient le bonheur du client et admiraient son tempérament, en croyant deviner ce qui se passe ordinairement dans un cabinet particulier. Un jour la curiosité les poussa à regarder par le trou de la serrure pendant un tapage de diable à quatre. Ils furent bien étonnés d'apercevoir Vénusette lisant tranquillement un livre près de la fenêtre lorsque l'amphitryon s'évertuait à geindre et à faire faire à son siège toutes sortes de sauts périlleux. Baudelaire ne recommença plus sa comédie à l'avenir, dès que les garçons de restaurant l'eurent bien convaincu, en riant comme des fous, qu'ils n'étaient point sa dupe. Un soir, Théophile Sylvestre me mena avec

M. Barbey d'Aurevilly dans un café de la rue de Rivoli; nous y rencontrâmes Baudelaire qui affectait d'être ivre-mort. Je le qualifiai de don Juan systématique; alors le masque tomba, l'ivresse cessa. Baudelaire ne fut plus qu'un homme doué de raison et de la plus grande placidité de caractère.

Un des hellénistes les plus lourds, les plus laids, les plus gauches, vraie personnification du vers de Molière et de La Fontaine qui ont trouvé le sot savant encore plus sot que le sot ignorant, ne pouvait avoir pour Aspasie que des servantes auxquelles il promettait de les élever jusqu'à la hauteur de sa position, si elles se montraient bonnes à tout faire. Devenu inspecteur de l'Université, il s'imagina que, pour l'amour du grec, on lui passerait une dame de compagnie. A Strasbourg, les étudiants qui avaient appris qu'il n'était pas seul en tournée, lui offrirent un banquet; au dessert, on but à la santé du savant; puis on trinqua en l'honneur de sa femme. Comme on parlait latin, l'helléniste eut la maladresse de s'écrier en rougissant : *Non conjux.* Alors d'une voix unanime, les étudiants répliquèrent : « Bravo, *concubina.* » Ce surnom de *concubina* resta attaché à la mémoire de l'inspecteur. Chez lui, si l'on saluait la femme qui paraissait toujours sur un bon pied, il avait l'habitude de dire : « C'est ma concubine. »

Un autre inspecteur de l'Université, écrivain assez estimé qui est devenu l'un des meilleurs ministres de l'Instruction publique et qui est mort membre de l'Académie-Française, présentait des frais de voyage qui n'étaient pas aussi motivés que les mémoires de ses confrères ; un jour qu'il était importuné par les exigences de la comptabilité, il fut forcé d'avouer que les énigmes de son compte-rendu avaient pour but les dépenses qu'il croyait avoir le droit de se permettre dans les maisons de filles des différentes villes que sa commission lui enjoignait de parcourir.

Tout finit à cette débauche réclamée par Gautier, dégoûté de l'amour.

Une des meilleures pages de Rabelais est consacrée aux Muses, toujours chastes, parce qu'elles sont perpétuellement occupées. Vivant à une époque où l'érudition tint lieu de génie, écrivant pour des hommes plus sensualistes que spiritualistes, il n'a pu créer une femme, parce qu'il n'a pas compris l'amour. Il n'a eu ni plan ni but ; sans frein parce qu'il manquait d'idéal, il a touché à tout et fini par l'obscénité. Les mots l'ont plus fasciné que les choses, les pensées que les sentiments. Plus on l'étudie, plus l'on reste persuadé qu'il n'a eu d'autre passion que de prouver qu'il connaissait tous les mots dont on fait usage dans toutes les classes de la société. Tous ses personnages ne sont que des pédants de dictionnaires.

Les romantiques pour qui la poésie est un problème du pied des mots comme les nombres pour le mathématicien, devaient inévitablement arriver au même résultat.

La fille Elisa répond à Rabelais. Ce n'est qu'une femelle humaine. Ces créatures n'ont que le sexe de la femme; n'ayant rien vu, rien connu, ne sachant rien, n'entendant rien, vivant toujours renfermées, elles manquent de charme et de conversation. Elles n'échappent au dégoût de leur métier et aux remords de la conscience qu'en s'enivrant sans cesse. Elles se vendent au premier venu pour acheter un voyou qui les bat et ne les fait sortir que pour manger le peu qu'elles ont gagné. Elles meurent presque toutes dans quelque hôpital, soit de phthisie, soit de maladies honteuses.

On connaît les romantiques qui sont morts dans ces maisons de filles. On nomme les romanti-

ques qui ont abrégé leur vie en fréquentant ces
filles. C'est un de ses admirateurs qui a pris soin
de faire savoir que Sainte-Beuve était un infatigable
coureur de ces filles. Il y a eu de ces filles qui ont
été relâchées, sur sa recommandation, lorsqu'elles
étaient prises en contravention par la police. Il poussa
la curiosité jusqu'à s'enquérir de tout ce que ces filles
sont capables de faire. Un jour, l'un des rédacteurs
du *Constitutionnel* se trouvait, aux Champs-Elysées,
à un café-concert, lorsqu'il vit Sainte-Beuve se
placer et s'asseoir en dehors de l'enceinte, très près
de lui. Il pût donc tout entendre. Or, une fille s'em-
pressa d'accoster Sainte-Beuve ; immédiatement il
toucha à ces goûts dont parle Martial, à ces habitudes que Suétone reproche à Tibère, à ces déprava-
tions des impuissants pour qui la femme n'est plus
qu'une bouche. La fille s'étant vantée de se prêter
parfaitement à tout, il voulut savoir son nom. Alors
il lui dit : « Ce n'est pas vrai ; il n'y en a que
trente-deux ; je sais leur nom et leur adresse.
Votre nom n'est pas sur ma liste. » Voilà le dernier mot de la débauche.

Sous Louis XIV, tous les grands écrivains ont
plus ou moins aimé et ont été plus ou moins aimés ;
ils sont morts en chrétiens. La Fontaine a fait ses

Fables et ses *Contes*, parce qu'il a connu l'amour; sa fin fut digne d'un homme qui avait vu dans la mort le soir d'un beau jour; on trouva un cilice sous sa chemise.

Si maintenant les Romantiques affichent la débauche et prêchent l'enterrement civil, c'est parce qu'ils n'ont pas aimé et qu'ils n'ont pas été aimés. Il faut savoir gré à Gautier d'avoir révélé le secret de l'École.

Imprimerie Générale de Châtillon-sur-Seine. — J. Robert.

EN VENTE CHEZ LE MÊME ÉDITEUR

FORMAT IN-18 JÉSUS

*** *Marie Dorval* (1798-1849), 1 vol. 3 50
*** *Terpsichore*, guide à l'usage des amateurs de ballets, précédé d'une préface de Mlle Rita Sangalli 1 vol. in-32 . . . . 1 50
J. DE BIEZ. *Tamburini et la musique italienne*. 1 plaquette avec un portrait à l'eau-forte par Masson. . . . 2 »
ELZEAR BLAZE. *Le Chasseur au chien courant*. 2 vol. in-18. . . . . 7 »
— *Le chasseur conteur*. 1 vol. 3 50
— *Le chasseur au chien d'arrêt*. 1 vol. 3 50
E. CARJAT. *Artiste et citoyen*, poésies 1 vol 3 50
COMTE DE C*** *Fantaisies juvéniles*, poésies. 1 vol 2 50
COQUELIN CADET. *Le livre des convalescents*. 1 vol. avec dessins de H. Pille 3 50
CHARLES CROS. *Le coffret de santal*, poésies et fantaisies en prose. 1 vol. 3 50
J. DUFLOT. *Dictionnaire d'amour*. Etudes physiologiques. 1 vol . . . 3 »
G. DUPREZ. *Joyeusetés d'un chanteur dramatique*. 1 vol. in-8 . . . . 2 »
— *Sur la voix et l'art du chant*. Une plaquette in-18 . . . . 0 50
EMILE DURANDEAU. *Civils et militaires*, avec une préface de Th. de Banville. 1 vol. orné de dessins sur bois 3 50
GEORGES DUVAL. *Frédérick-Lemaître et son temps*, 1800-1876. 1 vol. avec une eau-forte de G. Privat 3 50
—·· *L'année théâtrale* 1873-1874 . . . 3 50
— — 1874-1875 . . . 3 50
— — 1875-1876 . . . 3 50
Virginie Déjazet, 1797-1875. 1 vol. avec une eau-forte de G. Privat 3 50
F. FABER. *Histoire du théâtre français en Belgique*, depuis son origine jusqu'à nos jours. 5 volumes in-8. . 20 »
— *Documents authentiques et inédits*, et bibliographie concernant le théâtre français en Belgique. 2 vol. in-8. 15 »
E. DU FAYL. *L'opéra*, 1669-1878. 1 vol. in-32 avec plans . . . . . . 3 »
L. FRÉVILLE. *Nouveau traité de récitation et de prononciation*. 1 vol. 2 »
MADAME DE GÉVRIE. *Comédies de salon*. 1 vol . . . . 2 »
G. D'HEYLLI. *Madame Arnould-Plessy* 1834-1876. 1 plaquette . . . . . . 1 »
— *Bressant*, sociétaire retiré de la Comédie-Française. 1 vol. avec eau-forte par Masson . . , ... 2 »

G. D'HEYLLI. *Verteuil*, secrétaire général de la Comédie-Française, 1809-1882. Une plaquette avec une eau-forte par Ad. Lalauze. . . . . . . 1 »
— *Brindeau*, sociétaire retiré de la Comédie-Française, 1814-1882. Une plaquette avec une eau-forte par Ad. Lalauze . . . . 1 »
J. B. LAGLAIZE. *Fantoches d'opéra*. 1 vol. précédé d'une préface de Ch. Monselet et orné de dessins de Ludovic. 3 50
— *Figurines dramatiques*, roses et épines de la vie théâtrale. 1 vol. . . 3 50
CH. LE SENNE. *Code du théâtre*. 1 vol. 3 50
P. J. LESGUILLON. *Théâtre*. 3 vol . . 10 50
P. MAHALIN. *Les jolies actrices de Paris*. 3 vol 10 50
— *Caprice de princesse*. 1 vol. . . . 3 50
— *Au bout de la lorgnette*. 1 vol . . 3 50
J. DE MARTHOLD. *Contes sur la branche*. illustrés par E. Mas. 1 vol. 3 50
E. DE MOLÈNES. *Palotte*. 1 vol. . . . 3 50
— *Le Grand Bouge*. 1 vol. 3 50
— *Desclée*, biographie et souvenirs. 1 vol. 3 50
— *La jambe d'Irma*. 1 vol 3 50
— *La dernière Héloïse*. 1 vol 3 50
— *Le domino bleu*. 1 vol 3 50
CH. MONSELET. *Une troupe de comédiens*. 1 vol. 3 50
G. NADAUD. *Théâtre de fantaisie*. 1 vol 3 50
L. DE NEUVILLE. *Comédies de château*. 1 vol 3 50
ORDONNEAU, NADAUD et VERCONSIN. *Théâtre des familles*. 1 vol 3 50
A. POUGIN. *Figures d'opéra comique* (Mme Dugazon, Elleviou, les Gavaudan,) avec portraits à l'eau-forte par Masson . . . . 5 »
— *Meyerbeer*, notes biographiques. Une plaquette . . . . 1 »
G. RICHARD. *Les sociétaires du second théâtre français*. Une plaquette . 1 »
SALVINI. (*Notes et souvenirs sur*). Une plaquette . . . . 1 »
SAYNÈTES ET MONOLOGUES, recueil de comédies de salon par différents auteurs. 8 volumes à 3 50
J. TRUFFIER. *Sous les frises*. poésies. 1 vol 2 50
J. TRUFFIER et L. CRESSONNOIS. *Trilles galants pour nos gracieuses camarades*. Un vol. précédé d'une préface de Th. de Banville. 3 50
A. VITU. *Molière et les Italiens*. A propos du tableau des farceurs. Une plaquette in-8 . . . . 1 50

Paris. — Imprimerie de l'Étoile, Boudet, directeur, rue Cassette, 1.

www.ingramcontent.com/pod-product-compliance
Lightning Source LLC
Chambersburg PA
CBHW052118090426

42741CB00009B/1861